LA VILLA EPHRUSSI DE ROTHSCHILD

© Les Éditions de l'Amateur, 2002
25, rue Ginoux
75015 Paris

Sous la direction de Régis Vian des Rives

LA VILLA EPHRUSSI DE ROTHSCHILD

Présenté par
Jean-Pierre Demoly, Alain Renner,
Michel Steve, Régis Vian des Rives

Avec la collaboration de
Pierre-François Dayot, Ulrike Christina Goetz, Guillaume Séret

Photographies de Georges Véran

Ce livre a bénéficié du soutien du groupe ABN AMRO

Les Éditions de l'Amateur

REMERCIEMENTS

In memoriam Marcel Landowski (1915-1999),
secrétaire perpétuel de l'Académie des Beaux-Arts de 1986 à 1994,
Chancelier de l'Institut de France de 1994 à 1998.

Ce livre est né d'un vœu que m'exprima M. Bruno Monnier, président de Culture Espaces, après la parution du livre sur la villa Kérylos en 1997 aux Éditions de l'Amateur, dont j'avais eu l'honneur d'assurer la direction. Après avoir redonné à la villa Ephrussi de Rothschild et à ses jardins la place qu'ils méritaient, il souhaitait que cette fondation de l'Académie des Beaux-Arts ait elle aussi son ouvrage de référence. Il est ainsi le véritable instigateur de ce livre. Je n'oublie pas de lui associer M. Arnaud d'Hauterives qui accueillit favorablement l'idée de cette publication au double titre de secrétaire perpétuel de l'Académie des Beaux-Arts et de président des Amis de la Villa Ephrussi de Rothschild.

Grâce à une action de mécénat du groupe ABN AMRO – que les personnes qui ont apporté leur soutien à ce projet éditorial trouvent ici l'expression de ma reconnaissance –, il devenait possible d'envisager de chercher les auteurs dont l'érudition et la science permettraient de couvrir l'architecture et le décor intérieur, les jardins et l'éclectisme des collections de la Villa de Madame Ephrussi.

Mes chaleureux remerciements vont donc à Michel Steve – dont la collaboration à cet ouvrage a été à plus d'un titre très précieuse –, à Jean-Pierre Demoly et à Alain Renner ; ils les partageront avec le photographe Georges Véran dont les conditions de travail ont été rendues particulièrement difficiles par la grande fréquentation de la Villa.

Il me faut également remercier les spécialistes qui ont entouré Alain Renner et ont bien voulu apporter généreusement leur savoir pour l'étude des œuvres d'art : Pierre-François Dayot, Ulrike Christina Goetz et Guillaume Séret.

J'exprime mon profond respect au baron Guy de Rothschild et à la baronne Élie de Rothschild qui ont accepté de répondre à mes questions.

En mon nom personnel et au nom des auteurs j'adresse de vifs remerciements à tous ceux qui ont communiqué de l'information, contribuant ainsi à la qualité du livre : M. Daniel Alcouffe, Mlle Lysiane Allinieu, M. Luc Antonini, M. Christian Baulez, M. et Mme Eugène Becker, M. Michel Beurdeley, Mme Ondine Bréaud-Holland, M. Henri Bertrand Collet, Mme Marie-Cécile Comère, Mme Catherine Delacour, M. Bernard Dragesco, M. Emmanuel Ducamp, Mme Sophie Dufresne, Mme Antoinette Faÿ-Hallé, M. Cyrille Froissart, M. Jean Gismondi, M. Éric Julian, M. Thierry de Lachaise, M. David Langeois, M. Ulrich Leben, M. Patrick Leperlier, M. Gilles Marchand, M. Alain Mérot, M. Stéphane Molinier, Mlle Sophie Motsch, Mme Anne Poulet, M. Alexandre Pradère, Mme Tamara Préaud, M. Fabrice Reinach, M. Maurice Robert, Mme Marie-Laure de Rochebrune, M. Jean-Marie Rossi, M. Bertrand Roudot, M. Nicolas Sainte-Fare-Garnot.

Ma gratitude s'adresse aussi à ceux qui ont collaboré à la réalisation de l'ouvrage : M. Armand Chocron, secrétaire général du Groupe Vilo, et M. Michel Jullien, des Éditions de l'Amateur, qui ont cru à ce projet, et les personnes qui ont participé à la composition de l'ouvrage : M. Aurélien Moline, Mlle Mathilde Rivalin, M. Nicolas Mesplède.

Que soient également remerciés le directeur de la Villa, son assistante, les membres du personnel du musée et les jardiniers.

En dernier lieu, je tiens à remercier mon épouse dont le soutien quotidien pendant la préparation de cet ouvrage a été des plus précieux.

Régis Vian des Rives.

SOMMAIRE

9 .... MADAME EPHRUSSI ET SA FONDATION,
par Régis Vian des Rives

20 .... VISITE DE LA VILLA,
par Régis Vian des Rives

21 .... Le rez-de-chaussée
37 .... Le premier étage
53 .... Découverte des jardins

66 .... L'ARCHITECTURE ET LE DÉCOR INTÉRIEUR,
par Michel Steve

67 .... Madame Ephrussi et l'architecture
71 .... Un chantier mouvementé
79 .... Les façades
87 .... L'architecture dans les jardins
89 .... Les intérieurs

116 .... LES JARDINS DE LA VILLA ILE DE FRANCE,
par Jean-Pierre Demoly

117 .... Le jardin de Béatrice Ephrussi, de 1912 à 1915
123 .... La première renaissance du jardin, de 1934 à 1943
131 .... La deuxième renaissance des jardins, de 1945 à 1985
135 .... La troisième renaissance, de 1987 à nos jours

166 .... LES COLLECTIONS DE MADAME EPHRUSSI

167 .... Présentation, *par Alain Renner*
173 .... Mobilier, *par Pierre-François Dayot*
201 .... Sculptures, *par Ulrike Christina Goetz*
211 .... Porcelaines, *par Guillaume Séret*
223 .... Peintures, *par Alain Renner*

Madame Ephrussi et sa fondation

Page de gauche, portrait de Béatrice Ephrussi de Rothschild.

Le 7 avril 1934 s'éteignait à Davos, en Suisse, Béatrice de Rothschild, où elle se trouvait pour essayer en vain d'échapper à des troubles respiratoires occasionnés par la tuberculose. Une de ses parentes de la branche anglaise de la « dynastie familiale des Rothschild » indique que tandis qu'elle se mourait à soixante-dix ans, « elle était encore belle, avec le halo neigeux de ses cheveux entourant la pâleur de mort de son visage ». Une mordante vivacité, que l'on n'eût pas attendue d'une infirme grabataire, continuait de l'animer. Son implacable énergie, trait de son caractère comme son originalité, devait compter dans la réalisation de sa Villa du Cap-Ferrat entre 1905 et 1912, où elle s'était débattue avec de nombreux architectes qui tour à tour faisaient les frais de « son invivable nervosité », selon le mot de son neveu, le baron Guy de Rothschild, après avoir été « une jeune fille un peu déchaînée ».

Fort belle, aux dires de sa contemporaine Élisabeth de Clermont-Tonnerre, fille d'Agénor, duc de Gramont, et de Margaretha Alexandrine von Rothschild, et telle qu'elle nous apparaît dans un portrait photographique, ses cheveux devinrent blancs, comme poudrés, autour de son vingtième anniversaire. Très élégante, elle prenait un grand soin de la mise de ses toilettes, au point qu'« elle semblait partir éternellement pour un bal paré ». Elle était merveilleusement servie pour cela par le grand couturier Jacques Doucet, lui-même amateur d'art, auquel elle commandait des robes rose ou bleu, couleurs dont elle raffolait, son engouement pour le rose allant jusqu'aux accessoires de sa toilette comme son ombrelle, son parapluie, son sac, ses mouchoirs et ses chapeaux qu'elle faisait confectionner chez la modiste Caroline Reboux.

Elle aimait vivre entourée d'animaux et plus particulièrement d'une mangouste, de deux singes favoris et de nombreux oiseaux au point d'avoir des volières dans chacune de ses villégiatures et jusque dans sa résidence parisienne au 19, avenue du Bois de Boulogne – aujourd'hui, l'avenue Foch –, où l'architecte Albert Laprade, qui suivait des travaux pour ses villas Soleil et Rose de France de Monte-Carlo en 1928, partagea un déjeuner d'affaires en compagnie de « ses chéris » en liberté. Son autre passion était d'aller jouer au casino – selon les périodes à Deauville, les exigences de la vie mondaine de l'époque empêchant de se montrer à Paris après le Grand Prix de juin, jusqu'en novembre, ou à Monaco, les séjours sur la Côte d'Azur se faisant plutôt en hiver ou au printemps dans les années 1920 –, qu'elle quittait fort tard dans la nuit, après d'interminables séances de baccara…

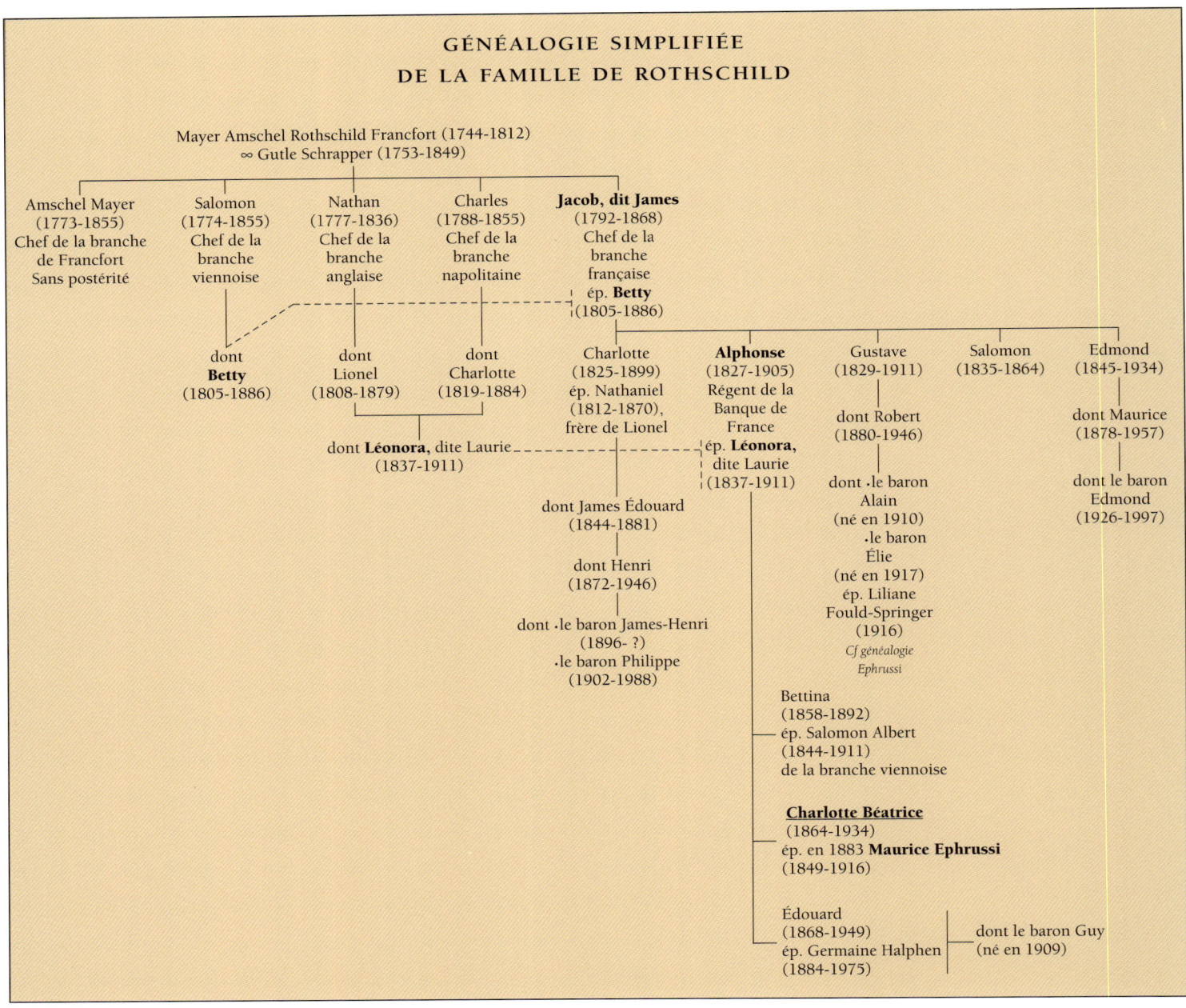

Elle avait épousé en 1883, après avoir été très courtisée, Maurice Ephrussi, « Frousse », comme elle le surnommait affectueusement, un ami de ses parents qu'Élisabeth de Clermont-Tonnerre nous décrit dans ses mémoires comme « beaucoup plus âgé qu'elle et assez laid ». De quinze ans son aîné, Maurice Ephrussi (1849-1916) occupait une situation privilégiée dans le monde des affaires, notamment en tant qu'administrateur de la société Le Nickel, proche de la banque de la rue Laffitte. Auguste Chirac nous apprend qu'il appartenait à une famille israélite originaire d'Odessa, installée à Vienne vers 1860. Certains de ces financiers quittaient la capitale autrichienne pour venir à Paris après avoir fait une partie de leur fortune en important du blé au Portugal – son frère Michel devait être fait vicomte par le roi Louis Ier du Portugal, puis élevé au titre de comte par son successeur le roi Carlos Ier.

Maurice Ephrussi était le parent de Charles Ephrussi, propriétaire – à la suite du décès d'Édouard

André en 1894, collectionneur averti à qui l'on doit avec sa femme Nélie Jacquemart le prestigieux musée du boulevard Haussmann dont elle fera don à l'Institut en 1912 – et directeur de la Gazette des Beaux-Arts jusqu'en 1905. Véritable amateur d'art qui aura pour un court temps Proust pour collaborateur, il fut à l'origine de la percée, entre autres, de Renoir et de Manet. Ami de la comtesse Greffulhe et de la princesse Mathilde, Charles Ephrussi organisait des expositions suivies par le Tout-Paris. À sa mort, son neveu par alliance, l'helléniste Théodore Reinach, dont la villa grecque Kérylos à Beaulieu allait bientôt être voisine de la Villa du Cap-Ferrat de Maurice Ephrussi, reprenait la direction de la Gazette.

Maurice Ephrussi avait, lui, la passion des chevaux, dont il faisait l'élevage dans le haras de son domaine de Reux, jouxtant Pont-l'Évêque, en Normandie. Sa silhouette n'était pas inconnue sur les champs de courses où ses chevaux portaient les couleurs identiques à la casaque bleue et à la toque jaune des Rothschild. S'il n'a pas joué de rôle particulier dans la réalisation de la Villa du Cap-Ferrat, l'on est en droit de penser que les quelques tableaux des peintres impressionnistes ou symbolistes qui appartiennent à la collection de la Fondation Ephrussi de Rothschild – des huiles sur toile d'Auguste Renoir, *Les Oliviers* et *Paysage de Cagnes*, de Sisley, *Paysage de Moret-sur-Loing*, de Monet, *Bords de Seine-Giverny à l'Aurore*, et des aquarelles de Gustave Moreau – sont des achats qu'il avait faits sur le conseil de Charles Ephrussi.

Si le patronyme des Ephrussi a disparu irrévocablement des annuaires mondains et financiers – Maurice et Béatrice Ephrussi n'eurent pas d'enfants et il faut chercher en France la descendance des autres membres de la famille, dans la lignée des Fould-Springer, des Percin, des Faucigny-Lucinge –, ils étaient très lancés en cette fin du XIXᵉ siècle, les chroniqueurs mon-

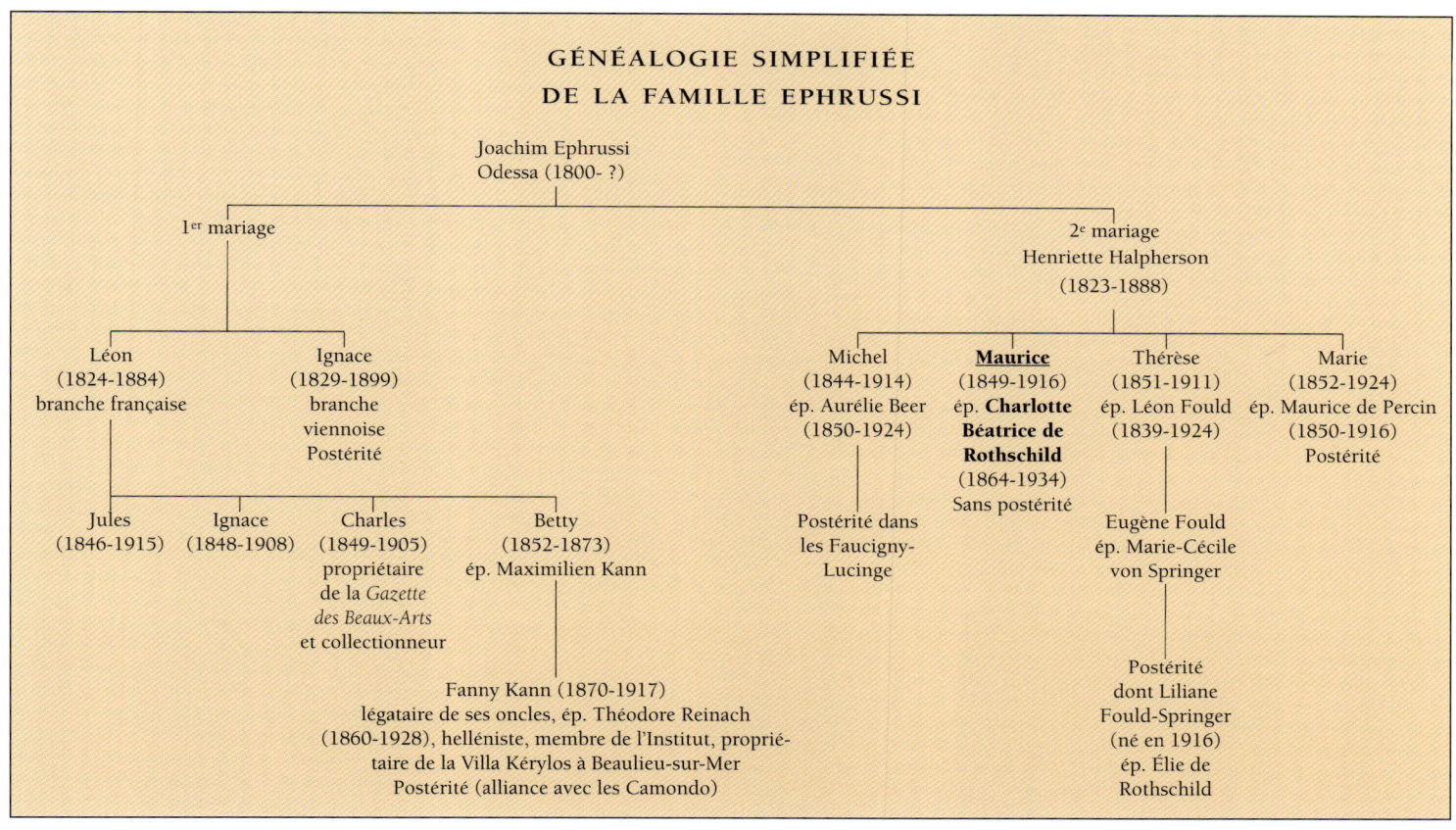

Madame Ephrussi et sa fondation. **11**

dains du Gaulois et du Figaro se faisant l'écho des toilettes de leurs « dames », des attelages de leurs « messieurs » comme des fêtes qu'ils organisaient.

Petite-fille du « grand » baron James de Rothschild (1792-1868), fondateur de la branche française, fille d'Alphonse de Rothschild (1827-1905), régent de la Banque de France, et de Leonora de Rothschild (1837-1911, fille du baron Lionel, de la branche anglaise), Charlotte Béatrix, comme elle était aussi prénommée, avait passé toute son enfance entre l'hôtel particulier familial parisien de la rue Saint-Florentin qui renfermait entre autres trésors des porcelaines de Sèvres et des tableaux de Raphaël et de Gainsborough, et le château de Ferrières, en Seine-et-Marne, où elle conserva toujours un appartement après la mort de ses parents – Ferrières devint la propriété d'Édouard de Rothschild (1868-1949) puis de son fils, le baron Guy, qui en fit don à l'Université de Paris en 1975. Nous pouvons l'imaginer se forger sa personnalité dans ce symbole entre tous de la notoriété des Rothschild, édifié à partir de 1855 par le célèbre architecte et paysagiste anglais Paxton, à la mesure de la réussite et des ambitions sociales de son grand-père.

Inauguré par l'empereur Napoléon III en 1862, deux ans avant la naissance de Béatrice, le château pourrait se résumer dans le décor du grand hall, élevé sur deux étages et entouré à mi-hauteur par une sorte de loggia circulaire à balustrade. Tendu de velours vert émeraude et éclairé par des verrières, il enfermait quantité de tableaux de maîtres, comme la Marquise Doria d'Antoon van Dyck – aujourd'hui au Louvre –, des cabinets Renaissance, des sculptures italiennes, des tapisseries des Flandres, des bronzes français, différents canapés, fauteuils et autres sièges, commodes et tables recouvertes d'objets précieux, de vases et bibelots divers.

Le parc, qui s'étendait sur quatre cents hectares, bénéficiait d'une véritable scénographie. À partir d'une première terrasse autour du château, on gagnait les parterres, puis venait un espace paysager planté d'arbres rares, avant la forêt. Il était également agrémenté d'un vaste lac, d'un temple de l'Amour de style grec, d'une roseraie et de serres d'orchidées et, enfin, des allées des volières renfermant des perruches, des perroquets, des faisans dorés, des grues, des oiseaux exotiques, sans oublier quelques singes.

Il est ainsi naturel qu'ait pu germer chez Béatrice, dans cette féerie de Ferrières, sa double aptitude de bâtisseuse et de collectionneuse, et sa prédilection pour les jardins. Ayant dépassé le stade du simple passe-temps pour gens riches, elle était devenue une véritable esthète comme nombre des membres de sa famille, ceux-ci restant pourtant encore la cible de nombreux auteurs antisémites – l'idéologue Drumont ne voyait dans Ferrières qu'un « prodigieux bazar » –, mais aussi de littérateurs comme Edmond de Goncourt qui, se rendant à leurs invitations et se croyant seul détenteur du bon goût, déclarait qu'« ils seraient toujours de pauvres amateurs ». Les inventaires impressionnants de leurs collections et les donations dont bénéficièrent notamment le musée du Louvre tendraient, s'il était besoin, à prouver le contraire. À lui seul, Edmond de Rothschild, oncle de Béatrice, qui avait offert au Louvre dès 1873 le produit de fouilles effectuées à Milet et à Didyme, puis en 1895 les pièces d'argenterie du trésor de Boscoreale, devait léguer, en 1936, 40 000 gravures – dont tout l'œuvre gravé de Dürer – et 6 000 dessins.

Son grand-père maternel, Lord Rothschild, avait même été un devancier pour son époque en s'intéressant aux portraits anglais du XVIIIe siècle et à l'art décoratif français, tandis que son père, le baron Alphonse, lui aussi bon connaisseur, avait enrichi et complété la collection de son père par d'innombrables achats, donnant une large place à la peinture française du XVIIIe siècle et plus encore à la peinture hollandaise et flamande, avec des œuvres prestigieuses de Rubens, Rembrandt, Pieter de Hooch ou Frans Hals…

Conseillé par Léon Gauchez, ancien marchand de tableaux, directeur de la revue l'Art, il acheta plusieurs sculptures de Rodin et soutint de nombreux artistes, les faisant connaître et offrant avec élégance leurs œuvres à des musées de province. Ainsi le musée de la ville de Cannes où la baronne Betty, veuve du baron James, avait fait édifier une villa en 1882 – aujourd'hui transformée en médiathèque –, verra sa création favorisée en 1898 par une donation d'envergure avec notamment 176 tableaux, 92 aquarelles et pastels et 40 sculptures...

À la mort d'Alphonse de Rothschild en 1905, Madame Ephrussi et le baron Édouard, ses seuls enfants survivants, allaient se partager un actif de 250 942 332 francs, soit plus de 4,5 milliards actuels. C'est à cette époque que toute la mesure de Béatrice allait se révéler, lorsqu'elle décida de construire une maison véritablement à son goût. Elle put acquérir une bande de terrain de 7 hectares (aujourd'hui le parc n'en compte plus que 3,5), dans la partie la plus étroite de l'isthme du Cap-Ferrat, qui avait été convoitée par S. M. le roi Léopold II de Belgique, propriétaire de la villa voisine des Cèdres – aujourd'hui en possession de la famille Marnier-Lapostolle. Il allait falloir attendre sept ans pour que la Villa s'inscrive dans le paysage de la péninsule du hameau de Saint-Jean, entre Nice et Monaco, que décrivait Stephen Liégard dans son célèbre livre La Côte d'Azur, même si après 1912 certains travaux demeuraient encore à réaliser. Il faut dire que le projet est ambitieux, car le terrain, qui n'est autre que la crête d'une colline, s'il offre une vue paradisiaque, ne se prête pas de premier abord à la construction d'un vaste édifice et à l'implantation d'un jardin.

Mais Béatrice de Rothschild ne se laisse pas impressionner car, selon le jugement d'Élisabeth de Clermont-Tonnerre, elle était « le type de jolie femme dont la destinée est de contrecarrer les lois stupides du bon sens ». Aussi les travaux de terrassements très importants allaient commencer par l'arasement du sommet de l'éperon rocheux afin d'obtenir une plate-forme.

L'on connaît mieux grâce aux travaux de Pauline Prevost-Marcilhacy l'activité architecturale des Rothschild, commanditaires de très nombreux édifices privés agrémentés de parcs ou de jardins, mais aussi d'édifices sociaux ou religieux tout au long du XIXe siècle et au début du XXe siècle. Citons, parmi plus de cinquante résidences dans toute l'Europe, les demeures du baron James, l'hôtel, 19, rue Laffitte à Paris, réalisé par Duponchel en 1836, le château de Ferrières, en Seine-et-Marne, par Joseph Paxton de 1853 à 1862, le château de Prégny, en Suisse, pour le baron Adolphe, élevé par Joseph Paxton et Georges Stokes entre 1857 et 1864, le château de Waddesdon, en Grande-Bretagne, pour le baron Ferdinand – propriété du National Trust depuis 1961 –, construit par Gabriel-Hippolyte et Walter Destailleur entre 1874 et 1884, l'hôtel du 23, avenue de Marigny, à Paris, élevé pour le baron Gustave – depuis 1975 résidence de la République Française pour ses hôtes étrangers – par Alfred Philibert Aldrophe de 1873 à 1883, l'hôtel du 11, rue Berryer, à Paris, réalisé pour la baronne Salomon – aujourd'hui occupé par la Fondation nationale des arts graphiques et plastiques – par Léon Ohnet et Justin Ponsard de 1872 à 1878, l'hôtel, 41, rue du Faubourg Saint-Honoré à Paris, construit pour le baron Edmond – aujourd'hui résidence de l'ambassadeur des États-Unis – par Félix Langlais à partir de 1876, le château de la Muette à Paris – aujourd'hui siège de l'OCDE –, pour le baron Henri, construit par Lucien Hesse entre 1914 et 1924...

À côté de ses devanciers ou de ses contemporains exigeants, Madame Ephrussi allait se montrer une cliente particulièrement difficile. Elle devait refuser les projets que lui soumirent une dizaine d'architectes dont Demerlé, Henri-Paul Nénot – grand prix de Rome, concepteur, notamment, de la nouvelle Sorbonne, il avait déjà travaillé pour Maurice Ephrussi au château de Vaux-le-Pénil –, Niermans – à qui l'on doit l'hôtel Négresco à Nice et l'hôtel de Paris à Monte-Carlo –, Auburtin – grand prix de Rome –, Charles Girault – grand prix de Rome, auteur du Petit Palais avant de devenir l'architecte de Léopold II de Belgique –... qu'elle considéra être « des imbéciles ». Ayant des idées sur l'architecture de la future maison qu'elle veut édifier, elle trouvera enfin en Nicolas-Aaron Messiah, architecte niçois, un exécutant docile, qui saura se plier aux nombreux changements de programme en cours de chantier. Car Béatrice de Rothschild entend être la véritable inspiratrice. Pour cela, elle veut juger par des maquettes grandeur nature des effets produits. Nous tenons d'Albert Laprade une des péripéties du chantier du Cap-Ferrat, pour lui avoir été racontée par Madame Ephrussi. Ainsi, un jour de mistral, les immenses structures de bois et de toiles peintes simulant la villa s'étaient effondrées avec fracas, lors d'une séance de travail, ne blessant heureusement personne.

Au-delà de sa personnalité fantasque, elle montrait une réelle disposition pour ce que l'on appelle aujourd'hui la décoration, qu'elle nourrissait des découvertes de ses nombreux voyages. Elle avait gardé de fortes impressions des monuments de la Renaissance italienne qui seront l'occasion d'autant de citations et de réinterprétations à travers les façades de son palazzino – c'est à ce titre que la Villa est classée à l'inventaire supplémentaire des Monuments Historiques. En ce qui concerne l'intérieur de la villa, à l'exception du patio couvert – hall central évoquant un cloître avec la théâtralité du « style Rothschild » –, c'est en connaisseuse qu'elle reconstitue un décor pour chaque pièce dans le respect d'une demeure aristocratique du XVIIIe siècle, à partir de boiseries provenant de la destruction de prestigieux hôtels parisiens du faubourg qu'elle a acquises à grand frais. Les salons du rez-de-chaussée de la villa confinent au formalisme le plus achevé de l'esprit du siècle des lumières, mode qui est l'apanage de la haute société fortunée depuis que l'impératrice Eugénie s'y était intéressée et qui permet d'offrir un cadre somptueux à une vie brillante. Mais Béatrice est animée d'une véritable fièvre qui dépasse les simples conventions sociales de son milieu, n'ayant rien à prouver, les Rothschild français ayant vaincu les froideurs du gratin dès le second Empire pour être admis par les familles de l'aristocratie « les plus puritaines » du faubourg Saint-Germain. À la différence d'un Moïse de Camondo, collectionneur éclairé qui pour parfaire son intégration a commandé à René Sergent, sur les frondaisons du parc Monceau, une « adaptation » du Petit Trianon qui saurait seule convenir à ses œuvres d'art exclusivement du XVIIIe siècle français, et qu'il aura l'heureuse idée de transformer en musée en 1924 (il ouvrira au public en 1936), elle ne recherche pas une juste reconnaissance dans un cercle artistique. Il faut dire qu'en cette époque charnière à cheval sur le XIXe et le XXe siècle, Paris étant le centre du négoce d'art, il est facile de se laisser tenter par ce genre de « sport ». Les galeries des antiquaires et des marchands de « curiosité » – on peut citer Seligmann, Stettiner, Chapey, Mannheim, Boudariat, Dennery, Vandermeersch, Wildenstein, Kraemer, Guiraud, Larcade – regorgent d'objets exceptionnels et de grandes ventes se succèdent où les rois de l'argent de cette époque rivalisent en prodigalité, à l'instar de Pierpont-Morgan – la majeure partie de ses collections se trouve aujourd'hui au Metropolitan Museum of Art de New York – que Boni de Castellane avait vu acquérir, sans les regarder, une demi-douzaine d'écrins contenant des bijoux de la Renaissance. Si Béatrice achète sans compter meubles signés, tapis d'Aubusson et de la Savonnerie, tableaux de Boucher, de Lancret, croquis et esquisses de Fragonard, tapisseries des Gobelins, services de porcelaine de Sèvres... mais aussi œuvres d'art médiéval et Renaissance, objets venus d'Extrême-Orient qui allaient constituer une collection très éclectique de *plus de 5 000 œuvres d'art, c'est simplement que ses goûts sont variés, même si elle est amoureuse de la création des règnes de Louis XV et de Louis XVI. Si elle cherchait à acquérir ce qui était de premier ordre, contrairement à certains collectionneurs ne sachant pas se départir de leur instinct commercial, elle s'attachait davantage à la beauté d'un objet qu'à sa valeur. Et peu conformiste, on est même en mesure de penser que Madame Ephrussi a parfois accepté d'être dupée par un marchand par plaisir, trouvant un intérêt esthétique dans un faux.*

La villa achevée, on ne pouvait rêver mieux comme cadre séduisant pour accueillir ces œuvres d'art, tandis que la composition du jardin devenait de par sa situation un vaisseau incomparable. Il s'agissait avant tout d'un jardin à l'italienne, agrémenté d'un essai de jardin japonais, adaptations par la commanditaire de projets qui lui avaient été proposés. En cela encore, Béatrice voulait laisser sans doute sa marque au sein de sa famille dont on connaît l'engouement de plusieurs de ses membres, spécialistes d'horticulture, pour la création de parcs spectaculaires : sa cousine Alice dans sa propriété de Grasse, le baron Edmond à Boulogne et Armainvilliers, le baron Ferdinand à Waddesdon, le baron Lionel à Exbury, le baron Léopold à Ascott. Ferdinand Bac qu'elle avait voulu enlever en plein déjeuner à la comtesse de Beauchamp, chez qui il séjournait au Cap-Ferrat, comprit qu'elle rejetterait sans coup férir ses propositions d'aménagements, et il déclina intelligemment son offre.

La guerre éclate pendant l'été 1914, interrompant les heures brillantes qui s'annonçaient dans cette nouvelle villa alors partiellement meublée. Maurice Ephrussi s'éteint deux ans après le début du conflit. Veuve, Béatrice s'en désintéresse et la délaisse. Elle la louera épisodiquement à son oncle, le baron Edmond, mais n'y reviendra pratiquement plus. Avec la fin de la guerre, un monde nouveau apparaissait dans lequel, comme nombre de ses contemporains nés sous le second Empire, elle ne se retrouvait plus. Car d'une certaine manière, le XIXe siècle s'était prolongé jusqu'à la déclaration du premier conflit mondial, dans cette époque, temps du luxe et de l'abondance, qui resta sous le nom de Belle Époque. Pendant les « années folles », elle vécut à l'écart des mondanités, préférant voyager tout en gardant une inclination intacte pour le jeu. Fidèle à la tradition familiale, elle manifestait un profond attachement au judaïsme, observant les principales fêtes religieuses en se rendant à pied à la synagogue de la rue de la Victoire.

Pour autant son originalité déjà grande dans sa jeunesse n'allait qu'augmenter pour devenir légendaire. Il devint fréquent qu'elle décidât de partir sur-le-champ pour une destination dont elle laissait le choix à son maître d'hôtel. Plus encore, ses gestes pouvaient être empreints d'incongruité. Une anecdote racontée par la baronne Élie de Rothschild – sa nièce par alliance, née Liliane Fould-Springer – atteste de ses loufoqueries. Se rappelant subitement de l'anniversaire d'une de ses nièces, elle fit porter par son chauffeur un de ses bracelets en diamants, qu'elle avait négligemment empaqueté dans du papier journal, à telle enseigne que ce bijou faillit être jeté. Peut-être tenait-elle cette sorte de fantaisie de sa mère, celle-ci, au même âge, étant décrite comme une personne si distraite qu'on l'avait vue aux courses s'éventant avec une fourchette, emportée de son déjeuner.

Sa santé s'altérant, Madame Ephrussi n'en continua pas moins à faire des acquisitions, ses fournisseurs étant toujours très attentionnés pour venir lui présenter des curiosités qu'elle faisait livrer dans ses différentes résidences. Il lui fallait néanmoins penser à sa villa du Cap-Ferrat qu'elle dénommait maintenant Ile de France – sa situation lui avait inspiré une comparaison avec un paquebot dont le dernier fleuron français, remarquable par sa décoration « Art Déco » et le luxe de ses aménagements, venait d'être baptisé sous cette appellation en 1927 par la Compagnie générale transatlantique –, qui lui avait réclamé beaucoup de sagacité. Cette femme qui s'était beaucoup dispersée dans sa vie, commençant nombre de choses, se plaisant plus dans la conception que dans la réalisation, allait faire une œuvre plus durable en rédigeant son testament en 1933. Elle prévoyait d'instituer son frère, le baron Édouard, comme son légataire universel, et désignait l'Académie des beaux-arts de l'Institut de France pour ouvrir un musée dans sa villa, en souvenir de ses parents. Ce musée devrait conserver l'aspect d'un salon, à partir du mobilier et des objets d'arts qui de trouvaient sur place ou au 19, avenue Foch, ou bien encore dans ses villas de Monte-Carlo.

Cette prestigieuse compagnie du Quai de Conti ne lui était pas inconnue, son père le baron Alphonse, commandeur de la Légion d'honneur, en ayant été élu membre en 1885 – son frère, le baron Edmond, le rejoignit en 1905 –, titre éminent dont il tirait une grande fierté. Avec la baronne Laurie, il avait aimé toute sa vie s'entourer d'artistes et d'érudits. Aussi, à sa mort, entre de nombreux legs et dons à des institutions caritatives, ses dispositions testamentaires comportaient la fondation d'un prix bisannuel que devait décerner en son nom l'Académie des beaux-arts.

Avant de rejoindre une sorte de club très choisi qui rassemblerait, entre autres, le musée Jacquemart-André et le musée Marmottan à Paris, la Wallace Collection à Londres, la Frick Collection à New York, un énorme travail allait s'imposer aux différents secrétaires perpétuels de l'Académie des beaux-arts et à ceux qu'ils désigneraient pour y faire accéder la Villa de Madame Ephrussi. En effet, lorsque Charles Widor – le compositeur grand organiste de l'église Saint-Sulpice à Paris –, à la tête de l'Académie, reçoit ce legs considérable par la création en 1935 de la Fondation Ephrussi de Rothschild, la Villa n'a pratiquement pas connu d'entretien, le jardin n'a pas été véritablement suivi et les collections sont dispersées sans inventaire complet et méthodique. C'est à l'architecte Albert Tournaire, grand prix de Rome en 1888, membre de l'Institut depuis 1919, que reviendra le premier de présider aux destinées de la Fondation en tant que conservateur, ayant suivi les aménagements nécessaires à l'inauguration le 2 avril 1938 et à l'ouverture de la Villa au public. À partir de 1949, il sera remplacé par le peintre Paul Jouve, la Villa-Musée étant connue des seuls initiés, d'autant qu'avec la Deuxième Guerre, la Villa resta fermée pendant cinq ans. Les collections furent déménagées en toute hâte dans les réserves du Musée Chéret à Nice en 1943 lorsque le Cap-Ferrat, zone militaire stratégique pour les Allemands, fut miné et donc rendu désert. Au sortir de la guerre, malgré la dotation initiale de six millions de francs, la fondation connaissait des difficultés financières dues autant à l'érosion monétaire qu'au coût d'entretien des bâtiments et du parc. Alors que les recettes étaient quasiment inexistantes, la fréquentation restait toujours confidentielle en 1959.

C'est alors que le secrétaire perpétuel de l'Académie, l'historien d'art Louis Hautecœur, sur le conseil de Louis Marchand, fit appel à un homme d'une énergie considérable qui allait donner à la fondation un rayonnement digne du souhait de Madame Ephrussi. Il n'est pas exagéré de dire que Gabriel Ollivier (1908-1981) fut à la Villa ce que, à des titres différents, le roi Louis-Philippe au XIXᵉ siècle et Welles Bosworth, architecte de la célèbre fondation de John Davidson Rockefeller, puis Gérald van der Kemp, au XXᵉ siècle, furent au château de Versailles. Correspondant de l'Académie des beaux-arts depuis 1953, avant d'en devenir membre associé étranger en 1968, il allait à partir de 1960, comme nouveau conservateur, faire de la villa Ile de France un des principaux attraits des circuits touristiques de la Côte d'Azur, recevant 60 000 visiteurs par an, et lui donner l'éclat et la vie culturelle qu'elle n'avait jamais eus jusqu'alors. Par ses fonctions de Commissaire général au tourisme et à l'information et de directeur du bureau

La villa avec sa couleur initiale ocre jaune avant la restauration des façades en 1966.

Ci-dessus, médaille de la Monnaie de Paris à l'effigie de Gabriel Ollivier, membre de l'Académie des Beaux-Arts, qui donna vie à la Fondation de 1960 à 1981.

En haut à gauche, ancien Salon chinois, devenu Salon de thé, dans sa présentation muséographique du début des années 60 à 1990.

En bas à gauche, cachet de la famille de Rothschild avec la devise « *concordia, integritas, industria* ».

La façade principale sur le parc : mariage réussi entre classicisme et Renaissance italienne. Relevé de Michel Steve.

18. Madame Ephrussi et sa fondation

de l'agence France-Presse de la Principauté de Monaco, avant de devenir conseiller technique du gouvernement princier, il était profondément « convaincu du bel avenir que pouvaient offrir les musées vivants au début d'une nouvelle civilisation, celle des loisirs, sachant, qu'inévitablement, le tourisme s'orienterait de plus en plus vers la culture ». Parallèlement, grâce à l'appui d'Emmanuel Bondeville, secrétaire perpétuel de l'Académie des beaux-arts de 1964 à 1985, au concours des pouvoirs publics et au soutien de mécènes – notamment de Gildo Pastor, de Gaston Durbour, de Florence-Jay Gould, du marquis Zanon di Valgiurata, du président de La Gaumont, Jean Le Duc, de Janine Gaube-Bertin –, il entreprenait d'importants travaux de restauration, comme la réfection de la toiture, et de mise en valeur de l'édifice, allant même jusqu'à redéfinir la couleur des façades en 1966. Estimant que Madame Ephrussi avait voulu donner un caractère vénitien à son « palais », il choisissait une couleur « rouge clair tirant sur le rose », la villa étant ocre-jaune à l'origine, couleur qui subsiste aujourd'hui dans l'architecture du jardin espagnol. Il s'intéressait également aux collections et mit un soin scrupuleux à parfaire la présentation des œuvres d'art de ses prédécesseurs, revoyant les éclairages électriques, rafraîchissant les murs, aménageant de nouvelles vitrines…

Gabriel Ollivier disparaissait subitement en 1981, laissant orphelines deux maisons historiques parmi les plus remarquables de la Côte d'Azur, l'Institut de France lui ayant laissé la charge en 1967 d'ouvrir au public la villa grecque Kérylos à Beaulieu qui, comme la villa Ile de France, avait été passablement délaissée. Sur la lancée de son action intrépide, la Fondation Ephrussi de Rothschild garda sa notoriété, mais la villa et les jardins essuyaient les injures du temps. Dans cette situation, l'Académie décida en 1985 de nommer parmi ses membres un nouveau conservateur, l'architecte Marc Saltet, qui avait œuvré avec succès à Versailles. En 1991, ce dernier souhaitant se retirer, le compositeur Marcel Landowski, ancien directeur de la musique dans le ministère d'André Malraux – qui occupait le poste de secrétaire perpétuel de l'Académie –, en accord avec ses confrères, décida de déléguer la gestion de la Villa à la société privée « Culture-Espaces », créée et présidée par Monsieur Bruno Monnier. Ce dernier, en expert de la sauvegarde du patrimoine, définissait un programme avec ses équipes – il faut citer ici M. James de Lestang, qui fut directeur de la Villa jusqu'en 1998 –, la muséographie ayant considérablement évolué depuis les années 60, afin de redonner faste à cette demeure par une nouvelle scénographie sécurisée des collections et par des campagnes de restaurations de l'ensemble de la propriété. Par ailleurs, une politique privilégiant le plaisir du public – nouveaux espaces d'accueil et de détente avec un salon de thé – et une promotion active faisaient plus que doubler la fréquentation (autour de 130 000 visiteurs en 2000).

Mobilisant de nombreux soutiens et amis de la Fondation Ephrussi de Rothschild, parmi lesquels le Conseil général des Alpes-Maritimes, Monsieur André Kamel et Dumez International, la Fondation Gould et Monsieur Ralph Winckelmann, l'Académie des beaux-arts et « Cultures Espaces » permettent de magnifier la Villa, née de l'imagination fertile de Madame Ephrussi. En y admirant ses collections, chaque visiteur pourra avec une gratitude particulière pour la fondatrice faire sien ce jugement d'Élisabeth de Clermont-Tonnerre sur les Rothschild en 1929 : « Ils ont le don de la grandeur, du faste et de la générosité. D'emblée, ils vont vers le meilleur et c'est à eux que la France doit de conserver ses plus belles parures. Des tableaux anciens, des meubles précieux, des tapisseries et des vaisselles auraient depuis longtemps traversé l'Atlantique sans leur goût protecteur ».

Régis Vian des Rives

Visite de la villa

Le rez-de-chaussée

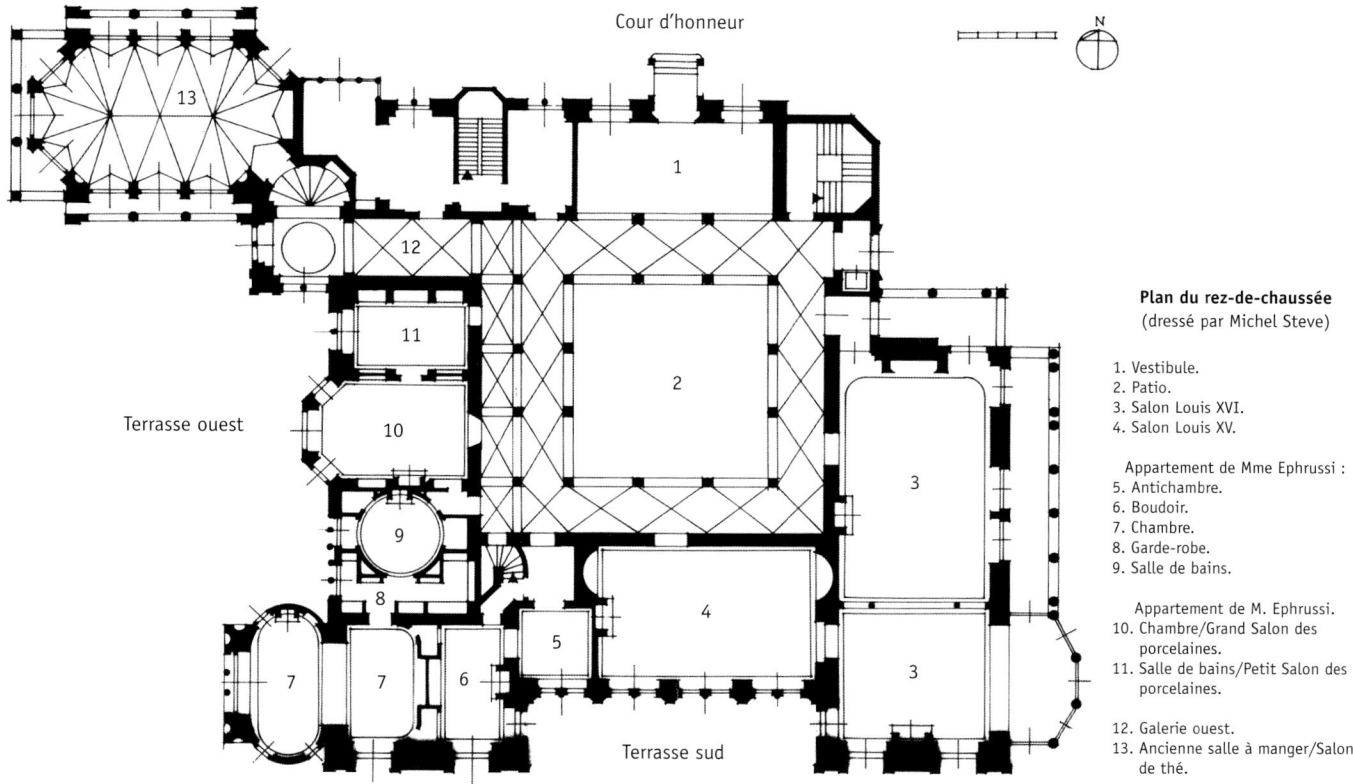

Plan du rez-de-chaussée
(dressé par Michel Steve)

1. Vestibule.
2. Patio.
3. Salon Louis XVI.
4. Salon Louis XV.

Appartement de Mme Ephrussi :
5. Antichambre.
6. Boudoir.
7. Chambre.
8. Garde-robe.
9. Salle de bains.

Appartement de M. Ephrussi.
10. Chambre/Grand Salon des porcelaines.
11. Salle de bains/Petit Salon des porcelaines.
12. Galerie ouest.
13. Ancienne salle à manger/Salon de thé.

Page de gauche, le Patio vu du vestibule.

LE PATIO

L'on pénètre dans la villa à partir de la cour d'honneur en passant sous un perron aux voûtes gothiques, pour se retrouver dans un patio d'importantes dimensions, à la fois espagnol et italien. Couvert d'un plafond suspendu, il présente de doubles arcatures reposant sur des colonnes en marbre rose de Vérone, qui supportent une galerie courante bordée de balcons.

Son aspect général se prête fort bien à l'exposition de mobilier et d'œuvres d'art de la fin de l'époque médiévale et de la Renaissance. À droite de l'entrée, on peut découvrir un triptyque de l'école de Valence, de la fin du XVe siècle, représentant sainte Brigitte d'Irlande entourée de saint Antoine et de saint Roch, auquel fait face une tapisserie de Tournai, de même époque, encadrée de deux lanternes de gondoles vénitiennes et de porte-torchères du XVIIIe siècle.

En avançant sur la gauche, au-dessus d'un meuble de sacristie siennois (début XVIe siècle), dont les peintures des portes illustrent les Béatitudes, se trouve un tableau attribué à Carpaccio représentant un condottiere vénitien. D'autres œuvres, catalanes, portugaises, des écoles de Crémone et de Sienne achèvent le décor du Patio sur lequel s'ouvrent les différentes pièces du rez-de-chaussée qui gardent l'atmosphère d'une demeure habitée.

Vue des arcatures du Patio, côté est, depuis le premier étage.

Triptyque de l'école de Valence.

Sous la colonnade est, œuvres de la Renaissance italienne.

Page de droite, en bas, la rotonde du Salon Louis XVI.

Salon Louis XVI, ensemble du mobilier dans la première partie du Salon.

LE SALON LOUIS XVI

Salon Louis XVI, vue générale en venant du Patio.

Ce salon, le plus imposant, qui occupe l'avancée de la façade est de la villa, offre, à partir d'une rotonde, une vue panoramique sur la baie de Beaulieu. Composé de deux parties, ses murs sont recouverts de boiseries peintes en partie XVIIIe provenant du célèbre hôtel de Crillon à Paris, et de dessus-de-porte à sujets antiques. La première partie comprend un ensemble mobilier d'époque Louis XVI, estampillé par le menuisier Parmentier, en bois peint et doré, recouvert de soieries lyonnaises à médaillons, reposant sur un tapis de la manufacture royale de la Savonnerie, au chiffre de Louis XV, provenant de la tribune de la chapelle de Versailles. On peut également y trouver des pièces de grande qualité du règne de Louis XVI : une table à jeux de Hache, marquetée en bois clairs, et une commode à l'anglaise en acajou. Sur celle-ci, ainsi que sur deux consoles d'époque Louis XVI, de chaque côté de la cheminée, ont été disposés des candélabres de la fin du XVIIIe siècle, dans le goût de Thomire, à têtes d'aigles, crêtes de coqs et pampres de vigne, et une pendule tambour, à décor magnifiquement ciselé de deux boucs supportant un couple de faune et bacchante. On peut remarquer également la présence de guéridons, de tables-consoles italiennes en bois polychrome, d'un paravent, de pendules…

Visite de la villa. 23

Salon Louis XVI, vue générale depuis la seconde partie du Salon.

Salon Louis XVI, écran de cheminée.

Page de droite, le Salon Louis XVI : plafond (le *Char de l'Amour tiré par des colombes*) ; angle de la seconde partie du Salon (bas gauche) ; ensemble du mobilier dans la seconde partie du Salon (bas droite).

Dans la deuxième partie du salon, sous un plafond orné d'une toile marouflée du peintre vénitien Gian-Domenico Tiepolo représentant le *Char de l'Amour tiré par des colombes,* on peut admirer un ensemble mobilier de la fin de l'époque Louis XVI, recouvert de tapisseries d'Aubusson dont les motifs sont inspirés des *Fables* de La Fontaine. Le canapé et les fauteuils sont disposés sur un tapis de la Savonnerie (le 87e de la série des 104 tapis commandés par Louis XIV pour recouvrir la grande galerie du Louvre vers 1675), comme l'exceptionnelle table à jeux peinte de grisailles, réalisée par l'ébéniste René Dubois. L'on note aussi l'écran de cheminée garni d'une feuille en tapisserie d'Aubusson, et un imposant paravent, une garniture de cheminée en bronze doré que l'on transforme la nuit venue en porte-bougies, et des chenets également en bronze doré, dits « au chinois », dont les figurines semblent fuir le feu.

Avant d'entrer dans le Salon Louis XV, sur le mur de gauche, au-dessus d'une commode néoclassique turinoise pleine de fantaisie, attribuée à Bonzanigo, se trouve exposé un tableau de Lancret, *L'Oiseau envolé.*

Visite de la villa. **25**

Salon Louis XV, vue générale du côté extérieur en venant du Salon Louis XVI.

Pages de droite, Salon Louis XV : côté du Patio (haut) ; garniture de la cheminée (bas gauche) ; plafond : la *Chute de Phaéton* (bas droite).

LE SALON LOUIS XV

Ce salon, largement ouvert sur une terrasse de marbre qui précède l'esplanade du Jardin à la française, est orné d'un grand tapis d'Aubusson d'époque Louis XV, d'une table-console en bois doré d'époque Régence attribuée à Cressent, d'un canapé et d'une paire de fauteuils d'époque Louis XV, garnis de tapisseries tissées d'après des cartons de François Boucher à motifs de scènes champêtres ; mais le mobilier le plus remarquable est constitué par des fauteuils de Jean-Baptiste Boulard recouverts de tapisseries de Beauvais à sujets animaliers d'après Jean-Baptiste Oudry, par un guéridon de Matthieu-Guillaume Cramer orné d'un plateau d'étain redoré et peint d'une perspective du Palais-Royal, de Compigné, et par une table circulaire de Kinz. Le mobilier de la pièce comporte encore plusieurs consoles demi-lune en bois doré, un grand écran de cheminée avec soierie au motif de cygne et faisan, des torchères Louis XVI, des pendules, un beau coffret en acajou et bronze doré, et une très rare paire de vases de Sèvres.

Le plafond est décoré d'une toile marouflée de Pellegrini, peintre vénitien du XVIIIe siècle, intitulée *Phaéton et le char du soleil*, tandis que des panneaux en bois doré d'époque Louis XVI, provenant de la folie Beaujon, scandent le décor mouluré de ton gris clair.

De chaque côté du salon, deux alcôves en forme d'absidiole, tendues de tapisseries de la Manufacture des Gobelins de la célèbre série des « Aventures de Don Quichotte », d'après Charles-Antoine Coypel, commandée pour Marly : *La tête enchantée* et *Les filles de l'hôtellerie*. Sur les murs sont accrochés de nombreux tableaux de grande qualité : *Un amour aux colombes* de François Boucher, *Diane sur les nuées* et *Le sommeil de Vénus* de son atelier, et les charmantes danseuses de Frédéric Schall.

Salon Louis XV, une alcôve du Salon.

28. Visite de la villa

L'APPARTEMENT DE MADAME EPHRUSSI

Après avoir quitté le Salon Louis XV par une porte provenant d'une chapelle florentine qui sert d'ornement au côté sud du Patio, et longé des stalles bourguignonnes, on traverse un vestibule pour atteindre la suite privée de Madame Ephrussi. Ce corridor est meublé par une console en encoignure d'époque Louis XVI et un rafraîchissoir aux fines incrustations de porcelaine de Wedgwood, tandis que devant une tapisserie flamande largement éclairée par une porte-fenêtre donnant sur les jardins, une statue en terre cuite peinte du XVIIIe siècle, allégorie du printemps, repose sur une base de colonne en bois peint.

On pénètre alors dans un ravissant boudoir aux boiseries peintes dans le goût pompéien, meublé d'un secrétaire en cabinet attribué à Jean-Henri Riesener, d'une très rare table octogonale avec plateau et tiroirs à décors de plumes collées datant également du règne de Louis XVI, comme l'ensemble des sièges bas recouverts de belles soieries. À signaler également une gouache de Mallet, *La perruche chérie,* un petit tapis de la Savonnerie et, sur la cheminée, une pendule de Lorta de 1780.

Par un passage on découvre la chambre de la fondatrice et le regard se porte sur l'avancée ovale, exposée au couchant, donnant sur la rade de Villefranche. Décorée de trumeaux peints d'après François Boucher au-dessus des glaces qui se font face, et d'encadrements de soieries peintes du XVIIIe siècle aux motifs de perroquets sur un fond vert céladon, cette partie de la pièce est ornée d'un plafond peint de l'école vénitienne du même siècle, représentant le *Triomphe* d'une famille patricienne. Autour d'un tapis d'Aubusson de la fin du règne de Louis XVI sont placés une série de sièges de la même époque, des fauteuils miniatures pour les animaux familiers, dont la présence est symbolisée par deux carlins en porcelaine sur des socles en métal doré, ainsi que des commodes dites « transition ». L'une d'elles est de l'ébéniste parisien Nicolas Petit, représentant de ce style intermédiaire entre les formes contournées du style Louis XV et le style Louis XVI plus « à la grecque ». L'on remarque encore une table à ouvrage en tambour, du début du XIXe siècle, plusieurs pendules, de délicates caisses à fleurs et deux statues représentant Vénus et Apollon en marbre de Carrare.

Tapisserie du vestibule depuis la Chambre de Madame.

Boudoir de Madame Ephrussi.

30. Visite de la villa

Chambre de Madame, la rotonde.

Visite de la villa.

32. Visite de la villa

En tournant son regard avant de quitter cette chambre à coucher, il est impossible de ne pas remarquer le lit vénitien de la maîtresse des lieux dont la partie inférieure, du XVIIIe siècle, recouverte d'une soierie de Chine brodée de multiples motifs de fleurs et d'oiseaux, a été agrémentée d'un ciel de lit sculpté qui date du siècle suivant. Cet ensemble imposant est encadré de portes courbes très élégantes qui forment le fond de cette alcôve dans laquelle est aussi placée une coiffeuse. L'Appartement se poursuit par une garde-robe dont les placards ont été aménagés en vitrines : y sont exposés des vêtements brodés d'époque Louis XV et Louis XVI, ainsi que des costumes de mandarin du XVIIIe siècle et des paires de chaussures chinoises du XIXe siècle.

La salle de bains attenante, en forme de rotonde avec son dôme en lattes dorées, est un chef-d'œuvre de raffinement : des boiseries peintes de Leriche, datant de la fin du XVIIIe siècle, dissimulent lavabo et baignoire. On sort de cette suite par un couloir dans lequel est présenté un pastel galant de Scevola, daté de 1880, pour se retrouver une nouvelle fois dans le Patio.

Page de gauche, Chambre de Madame : vue du lit dans l'alcôve à partir de la rotonde (haut gauche) ; le plafond : le triomphe d'une famille patricienne (haut droite) ; détail du lit et de l'alcôve (bas).

Salle de bains de Madame.

LES SALONS DES PORCELAINES FRANÇAISES

Après être passé devant des fragments de mobilier religieux, on entre dans un double salon ouvrant sur une vaste terrasse à l'ouest. L'on pense être dans la salle à manger de la villa : on y voit une table dressée avec des pièces du service dit « au quatuor », à cause de son décor de partitions musicales, tandis que sur la cheminée se dresse une pendule squelette en forme de lyre, dont le mécanisme est dû à Bréant.

Il s'agit en fait de l'Appartement de Maurice Ephrussi, plus modeste que celui de son épouse, qui a été transformé pour des raisons muséographiques afin de présenter l'une des plus belles collections de porcelaines des manufactures royales de Sèvres et de Vincennes. Cet ensemble inestimable est présenté dans différentes vitrines qui témoignent du raffinement et du luxe de la vie quotidienne du XVIIIe siècle. On peut ainsi y admirer des Sèvres bleu céleste ou bleu du roi, bleu lapis, vert vermiculé d'or, turquoise et rose, des Vincennes jaune jonquille, d'autres encore traités en camaïeu carmin, dans des formes les plus variées : vases dits « aux antiques ferrés », vases dits « hollandais » ou à éventails, vases Bourdaloue, cuvettes à fleurs, service de tables, rafraîchissoirs, déjeuners, plats, pots à onguents…

En ressortant par une porte basse, on se doit, avant de continuer la visite au premier étage, d'emprunter la Galerie ouest. Décorée d'un côté par un grand paravent en laque de Coromandel, de l'autre par des céramiques des ateliers des Della Robbia surmontant une table recouverte d'un plateau en scagliola du XVIIe siècle, après un amusant meuble en laque rouge de la Compagnie des Indes, elle conduit dans l'ancienne salle à manger de la villa. Devenue aujourd'hui le salon de thé, cette grande salle de style néogothique, encore en vogue au début du XXe siècle, avec ses onze baies vitrées sous de hautes voûtes soulignées en rouge et or, offre de larges vues sur la baie de Villefranche.

En haut, Galerie ouest.

Ci-contre, ancienne Salle à manger.

Page de gauche, Petit Salon des porcelaines (gauche) ; Grand Salon des porcelaines (droite).

Visite de la villa.

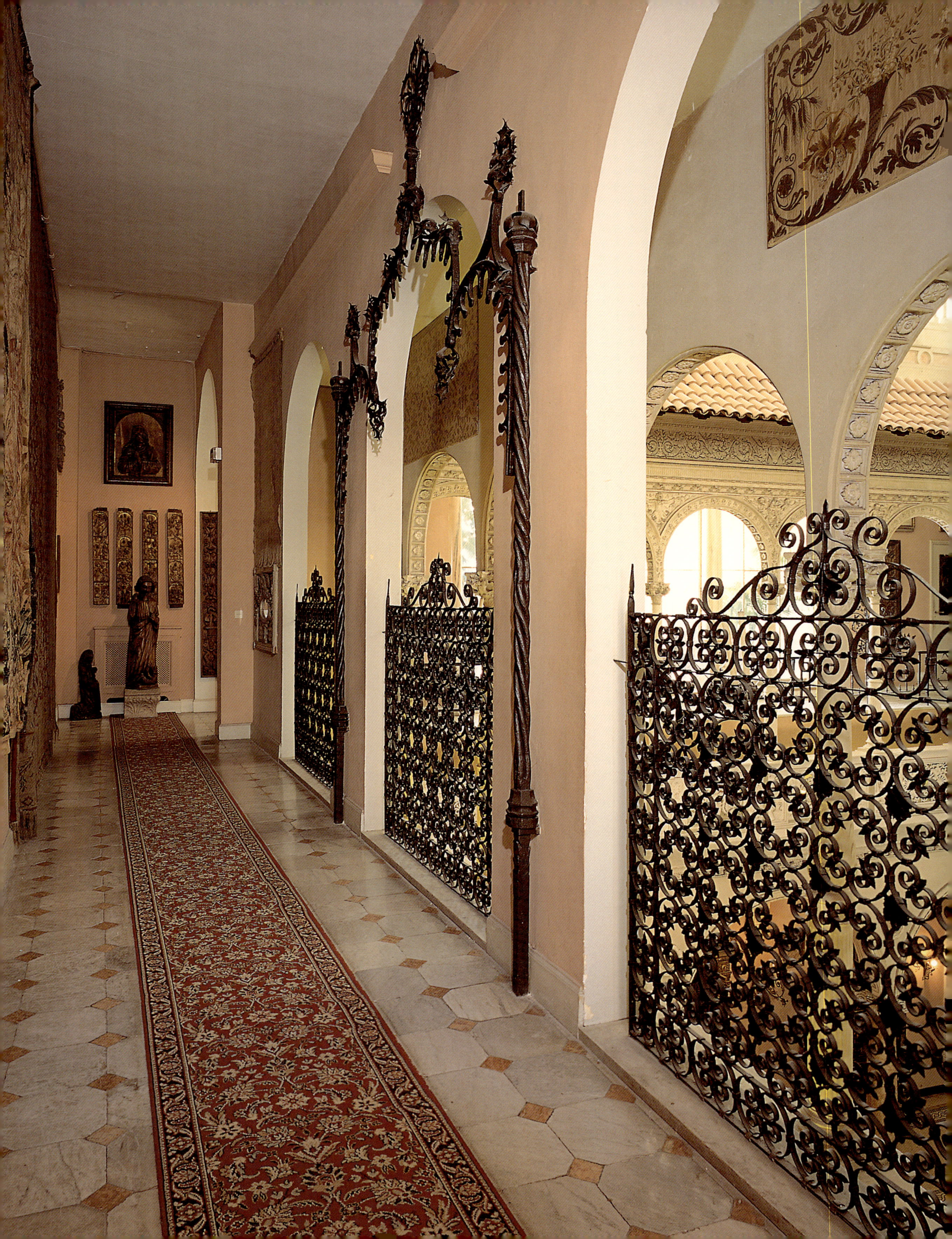

Le premier étage

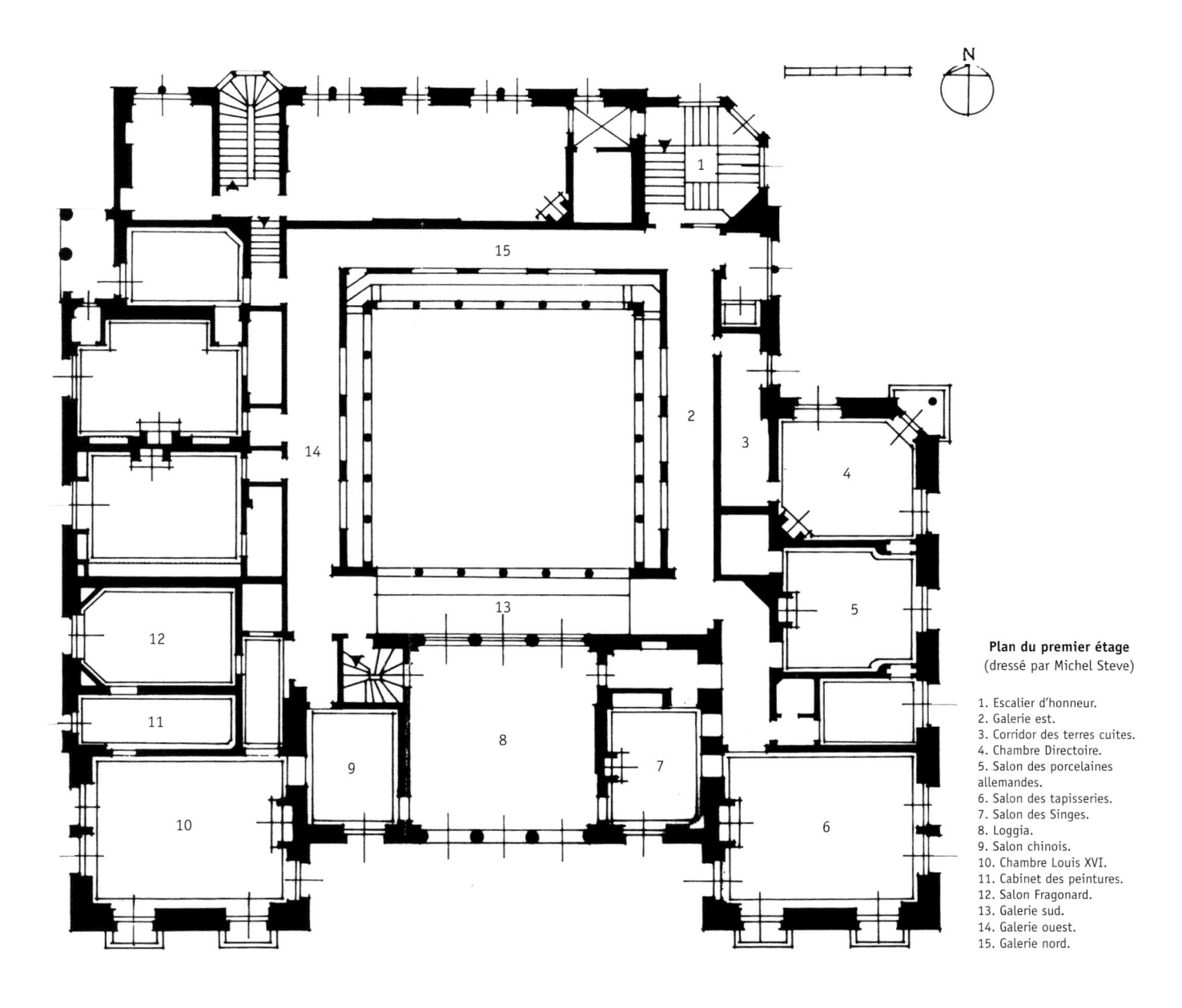

Plan du premier étage
(dressé par Michel Steve)

1. Escalier d'honneur.
2. Galerie est.
3. Corridor des terres cuites.
4. Chambre Directoire.
5. Salon des porcelaines allemandes.
6. Salon des tapisseries.
7. Salon des Singes.
8. Loggia.
9. Salon chinois.
10. Chambre Louis XVI.
11. Cabinet des peintures.
12. Salon Fragonard.
13. Galerie sud.
14. Galerie ouest.
15. Galerie nord.

Page de gauche, Galerie est.

ESCALIER D'HONNEUR ET GALERIE EST

L'escalier d'honneur, étonnamment placé dans une sorte de tour néogothique plaquée à l'angle nord-est de la villa, permet de rejoindre l'étage. Il est éclairé par des ouvertures en plein cintre, sur toute la hauteur, qui permettent de découvrir un paysage s'étendant jusqu'en Italie. En laissant à mi-étage un salon dit des Putti, on arrive dans la Galerie est où sont exposés un tapis turc du XVIIe siècle, une tapisserie de Tournai et une tapisserie aux armes pontificales du XVIIIe siècle. On distingue encore, au fond de cette Galerie, des panneaux sculptés catalans de la fin du XIVe siècle.

Visite de la villa.

CHAMBRE DIRECTOIRE

Pour parvenir dans la première des pièces de l'étage, on emprunte un passage étroit décoré seulement par une peinture à fresque de l'école de Valence du début du XIVe siècle ; scellée dans le mur, elle représente un abbé mitré. On débouche alors sur une chambre dont les peintures enchâssées dans les boiseries sont d'un style très apprécié pendant le Directoire. Agrémentée d'un balcon d'angle, elle est meublée d'un lit et de deux commodes italiennes en bois peint.

Chambre Directoire.

LE SALON DES PORCELAINES ALLEMANDES

Contigu à la pièce précédente, ce salon possède un décor néoclassique sobre avec un élégant trumeau de cheminée, les autres murs étant garnis de vitrines. Elles sont consacrées à l'exposition de toute une floraison de porcelaines rares de Würzburg, Berlin et Meissen, aux personnages tyroliens, mandarins, canards, éléphants, cygnes, amours, perroquets…

Parmi les candélabres, les chandeliers, les pendules aux motifs de fleurs émaillées de vives couleurs, sur des socles en bronze doré, il faut noter une pendule au mécanisme apparent, dite « squelette », supporté par un sanglier. Un corridor permet d'accéder au salon suivant. On y remarque une console mécanique attribuée à Charles Topino, et parmi des terres cuites inspirées de sujets antiques, un bas-relief de Clodion, le *Triomphe de Galatée*, et une frise de Félix Lecomte, le *Triomphe de Terpsichore*.

Salon des porcelaines allemandes.

Pendule au sanglier, dite « squelette »,
en porcelaine de Würzburg (vers 1750).

En bas, pendule à fleurs et ses tyroliens en porcelaine
de Meissen exécutés en 1738 par J. Friedrich.

Page de droite, Salon des tapisseries.

40. Visite de la villa

LE SALON DES TAPISSERIES

Ce salon a pour principal décor cinq tapisseries de Beauvais tissées au milieu du XVIIIe siècle, époque la plus florissante de cette manufacture. Il s'agit de deux tapisseries de la *Noble pastorale,* une tapisserie représentant *Apollon et Clytie au lever du soleil* appartenant à la fameuse suite des *Amours des Dieux,* d'après des cartons de François Boucher ; figurent encore *Renaud et Armide* et *L'Enlèvement d'Europe* qui porte la signature du lissier Cosette. Avec le mobilier de Jacob recouvert également de tapisseries de Beauvais datées de 1768, allégories des arts et des ministères, cette pièce offre un large éventail des arts décoratifs du XVIIIe : un secrétaire de Dubois, une table à jeux estampillée Pierre Garnier, une commode demi-lune, un petit meuble à plaque de porcelaines de style transition, deux petites tables, des dessus-de-porte attribués à Piat-Joseph Sauvage, plusieurs pendules d'époque Louis XVI, dont l'une dite *le Baiser,* d'après Houdon…

Salon des tapisseries, tapisserie de la suite des *Amours des Dieux*.

Page de droite, Salon des Singes.

42. Visite de la villa

LE SALON DES SINGES

Ce charmant cabinet de passage au mobilier vénitien du XVIIIe tient son nom des éléments de boiseries, de diverses origines – certains provenant sans conteste de la démolition du faubourg Saint-Germain à la fin du XIXe siècle –, mais représentant tous des singes pittoresques, dans une sorte de fable au ton badin : singes joueurs de flûte, de tambourin, de violon, singes acrobates, joyeux buveurs excentriques ou patineurs. On retrouve encore ces animaux familiers de Madame Ephrussi sculptés au-dessus de la glace de l'alcôve, comme ornement de chenets en bronze doré ou au sommet d'une pendule supportée par un éléphant. Une vitrine d'angle renferme également dans le même esprit d'amusement un orchestre de singes musiciens en porcelaine de Meissen exécuté vers 1740 par Johann-Joachim Kändler.

Salon des Singes, orchestre des singes en porcelaine de Meissen.

Page de droite, loggia, vue sur la verrière du Patio.

44. Visite de la villa

LA LOGGIA

D'amples dimensions, donnant davantage de lumière au Patio par la Galerie sud, son fond étant entièrement vitré, elle offre une vue particulièrement admirable sur les parterres du Jardin à la française et sur la mer. La perspective obtenue donne l'illusion de se trouver sur le pont d'un bateau. Sur les deux murs latéraux ont été fixées d'intéressantes pièces de fer forgé dont un devant de fenêtre andalou très ouvragé, aux armes de Charles Quint, mais également un moucharabieh mozarabe. Une porte vitrée, symétrique à celle du Salon des Singes, permet de poursuivre le circuit de visite du premier étage.

LE SALON CHINOIS

Dans cette petite salle ont été réunis quelques trésors comme des portes en laque noire et or du début du XVIIIe siècle provenant du palais impérial de Pékin, un imposant vase de la famille des « Roses », dernière production non occidentalisée de la porcelaine chinoise avant 1734, ou un grand paravent en laque de Coromandel qui sert de fond à un remarquable meuble : il s'agit d'une commode à portes, de ton « camomille », produite à la fin du XVIIIe siècle par l'ébéniste Joseph Baumhauer. Dans des vitrines, on peut observer une collection de tuiles faîtières aux motifs de dauphin, des jades et des quartz taillés en forme de poisson, coq, et chien de Fô, enfin des objets des dynasties Ming et Kien-Long.

Salon chinois, portes en laque du palais impérial.

Page de gauche, Salon chinois, détail des laques.

CHAMBRE LOUIS XVI

Cette grande chambre, qui fait immédiatement suite au cabinet précédent, est richement décorée de boiseries, de dessus-de-porte, de trumeaux élégants du début du XIXe siècle, en bois peint et bois doré, comportant des médaillons à sujets allégoriques : la Sagesse et l'Insouciance, la Richesse et la Pauvreté, l'Été et l'Hiver. Elle possède deux lits jumeaux de facture italienne de la fin du XVIIIe, aux trophées militaires, ainsi qu'un mobilier de salon italien de même époque et des sièges français d'époque Louis XVI. Une cheminée de marbre, dont les chenets représentent de remarquables pots à feu, est surmontée d'un intéressant trumeau déjà romantique. Elle supporte une pendule tambour dite « nocturne », à aiguille fixe et cadran tournant, qui évoque que le temps implacable fait passer l'amour. On pouvait l'éclairer la nuit en allumant une chandelle placée en son centre.

Chambre Louis XVI, vue sur les lits jumeaux.

LE SALON FRAGONARD

Avant de rentrer dans ce salon proprement dit, plus particulièrement consacré aux études préparatoires, croquis et esquisses du peintre de Grasse, on traverse une antichambre qui sert de cabinet de peintures, avec notamment des scènes de batailles de Van Blarenberghe, une perspective de Fontainebleau par Pierre-Denis Martin et des gravures et dessins de François Boucher. On y remarque également trois gouaches de Lawrence, un intéressant petit bureau à cylindre de Claude-Charles Saunier, et un bonheur-du-jour estampillé du même ébéniste. En avançant, on découvre une grande tapisserie de la manufacture royale des Gobelins du début du XVIIIe, tissée d'après des cartons de Charles-Antoine Coypel représentant l'hommage de Bacchus à Ariane. Devant ont été disposés des fauteuils Louis XV recouverts de tapisserie de Beauvais et un paravent à trois panneaux recouvert de moquettes de la Savonnerie. Sur le mur opposé sont exposés sept lavis de Jean-Honoré Fragonard, dont le charmant *S'il m'était aussi fidèle,* et *Danaé visitée par Jupiter*. On peut encore admirer dans ce salon des huiles sur toiles : *La Défense de l'Amour,* esquisse de Fragonard, *De trois choses en ferez-vous une, Les Amours marquant le temps, La Bouquetière* et *Bergère couronnant un berger* de Boucher.

Seuil du Cabinet des peintures.

Salon Fragonard, vue de la grande tapisserie des Gobelins.

50. Visite de la villa

CORRIDOR ET GALERIES SUD, OUEST ET NORD

On sort de cette ancienne chambre à pans coupés par un corridor, orné dans sa première partie de lambris à putti, servant également d'accès principal à la Chambre Louis XVI, à partir de la Galerie ouest du Patio. Il permet d'exposer dans un renfoncement qui le prolonge un ensemble de panneaux de soies peintes d'époque Louis XVI, au-dessus d'une chaise à porteurs qui leur est contemporaine. Le petit hall qui le précède conserve, côte à côte, deux chefs-d'œuvre d'horlogerie : un régulateur à équation de temps, dont le mécanisme est signé J.B. Duchesne, d'époque Régence, et une pendule baromètre du XVIIe siècle, avec son thermomètre dont la marqueterie est de Boulle.

On rejoint les galeries supérieures dont les colonnes des arcatures intérieures sont reliées par des fers forgés espagnols, tandis qu'à d'autres endroits du Patio l'on remarque des fers forgés génois, florentins et bavarois.

Avant de quitter le premier étage par la Galerie ouest où sont exposées une tapisserie de Bruxelles représentant l'entrée de l'empereur Maximilien dans cette ville, et une grande tapisserie d'Arras dite « aux aristoloches », dans des tons bleu, ocre et rose, également du XVe, rare témoignage des œuvres de cette manufacture, on découvre la Galerie sud largement éclairée par la verrière de la loggia. Dans l'angle de la Galerie nord est placée une commode en tombeau vénitienne à décor peint, du XVIIIe, tandis que sur les murs sont suspendus un tapis arménien, dit Polonais, tissé au XVIIe avec des fils d'or, d'argent et de soie, et de grands tapis de Cuenca, du XVIIIe, et d'Ispahan, du XVIIe.

En haut, Galerie sud.
En bas, Galerie ouest.

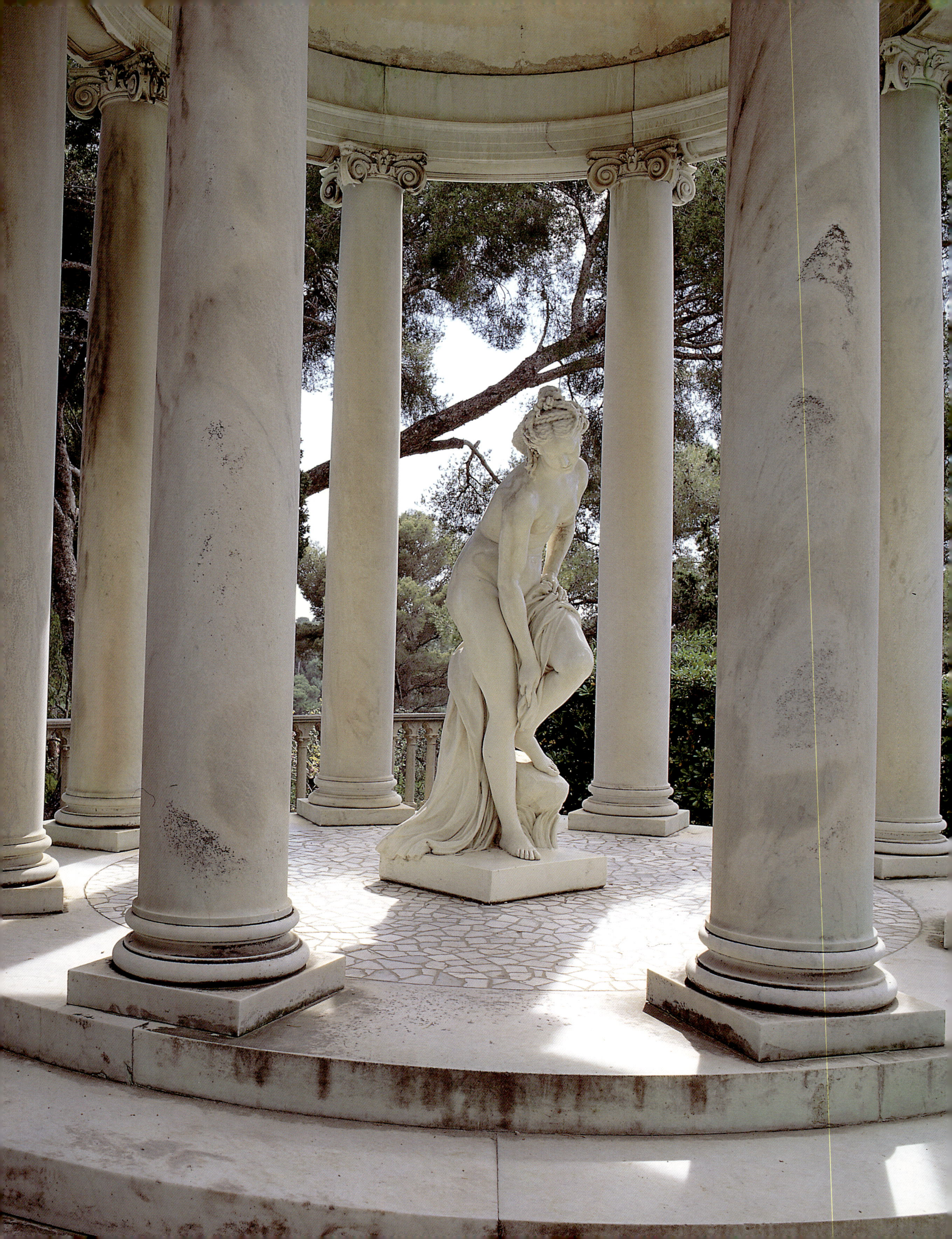

Découverte des jardins

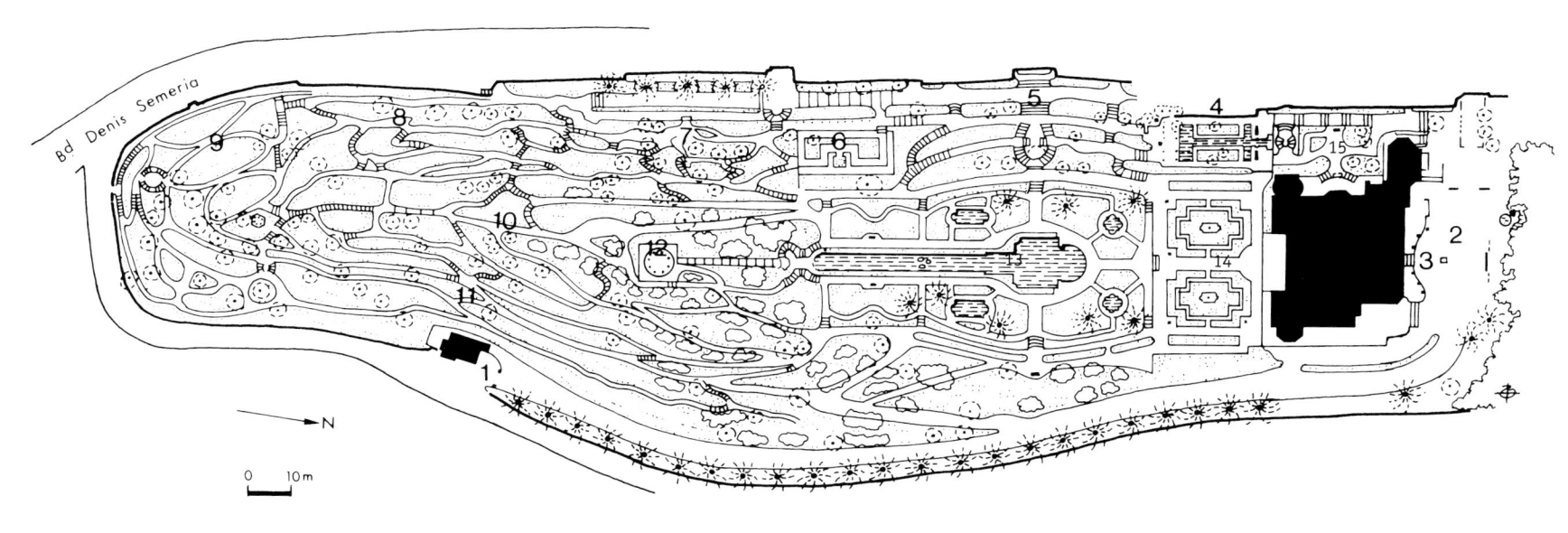

Plan des jardins

1. Portail et conciergerie.
2. Cour d'honneur avec sa grotte-fontaine.
3. Entrée de la villa-musée.
4. Jardin espagnol.
5. Jardin florentin.
6. Jardin lapidaire.
7. Jardin japonais.
8. Jardin exotique ou mexicain.
9. Roseraie.
10. Jardin provençal.
11. Jardin dit à l'anglaise.
12. Temple de l'Amour et son escalier d'eau.
13. Jardin régulier : la grande terrasse.
14. Jardin régulier : le premier plateau.
15. Jardin de Monsieur.

Il faut revenir dans la cour d'honneur pour entamer une promenade qui permet de découvrir sur quatre hectares une série de jardins en un seul, véritable suite de tableaux constituant le parc de la Villa.

On remarquera dans la cour qui permet de contourner l'édifice par le nord un puits vénitien en marbre de Vérone, au curieux fer forgé, tandis que la limite de propriété sur le chemin des Moulins est constituée par un fond de végétation agrémenté de bas-reliefs provenant de cloîtres catalans et par une fontaine dans laquelle est placée une *Vénus* accroupie semblant sortir d'un bain.

Le parcours des jardins débute véritablement après avoir traversé la cour en descendant sur la gauche une rampe coupée par un petit escalier en fer à cheval venant de la terrasse de l'Appartement de Monsieur, juste avant le passage sous la voûte du nymphée.

Grâce à l'éclairage latéral, on découvre la grotte architecturée et sa fontaine murale qui alimente l'allée d'eau du Jardin espagnol. Il adopte la forme d'un patio ouvert sur la mer, traversé par un étroit canal empli de plantes, et encadré sur les trois autres côtés par les fines arcatures corinthiennes du nymphée en marbre rose, le mur de soubassement de la grande terrasse avec ses vasques baroques à dauphins sur un fond ocre jaune – survivance de la couleur d'origine de la villa –, et la pergola ombreuse.

La cour au soleil couchant.

En bas, fond de la cour d'honneur et son grand *Yucca elephantipes*.

Page de droite, fontaine de la cour et sa *Vénus* accroupie.

Visite de la villa. **55**

L'escalier en pas-d'âne descendant au Jardin espagnol.

Le nymphée.

Escalier en fer à cheval et sa bordure de *Cuphea ignea*.

Le Jardin espagnol en contrebas de la grande terrasse avec ses fontaines.

Le Jardin florentin qui lui fait suite est composé de quatre niveaux de terrasses superposées correspondant à la forme de l'éperon rocheux, avec ses bordures plantées, reliées entre elles par des escaliers. Au milieu de ce jardin, qui exploite la splendeur naturelle du paysage de la rade de Villefranche, un grand escalier en fer à cheval, dont la niche centrale abrite un éphèbe de marbre néoclassique, descend du plateau principal du Jardin classique jusqu'à un balcon pavé de mosaïques surplombant la mer. Une allée bordée de cyprès offre, par sa belle perspective en direction de la Roseraie, une autre ambiance plus proche des paysages toscans.

Puis on pénètre dans le Jardin lapidaire, enclos ombragé en forme de quadrilatère, bordé de deux murs contre lesquels sont dressés des éléments architecturaux ou sculptés qui n'ont pas été intégrés dans la villa lors de la construction : arceaux, fontaines, chapiteaux, bas-reliefs... Ces pièces de grande qualité appartenant aux écoles lombarde, vénitienne, et peut-être florentine, sont prises dans la végétation. On remarque également des gargouilles monstrueuses, des grotesques en pierre, gnomes provençaux et carnavalesques.

Allée du Jardin florentin.

En haut à droite, derrière l'escalier florentin, un vieil exemplaire fleuri de *Dasylirion*.
En bas à droite, balcon du Jardin florentin sur la rade de Villefranche.

Visite de la villa | 57

58. Visite de la villa

En continuant cette promenade à flanc de coteau, on aperçoit les éléments décoratifs du Jardin japonais : lanternes de granit et pagodes miniatures en porcelaine bicolore. Ils sont répartis sur un espace rafraîchi par une source qui se termine par une minuscule chute d'eau se perdant dans le rideau de bambous en contrebas.

Après avoir dépassé l'allée dallée de pierre, on parvient au pied d'une grande rocaille qui sert de décor au Jardin exotique. Il offre un véritable dépaysement lorsqu'on parcourt ses sentiers escarpés aménagés entre d'impressionnantes cactées.

On atteint alors une élégante Roseraie dont les justes proportions des parterres en pente mettent en valeur les floraisons de rosiers rampants, grimpants et retombants. L'ensemble est enrichi en contrebas par une niche en marbre ajouré, et à son sommet par un petit temple hexagonal cantonné de colonnes.

Vue du Jardin japonais.

Page de gauche, arrivée sur le Jardin lapidaire (haut).
Puits du Jardin lapidaire et son arcature en fer forgé de style gothique tardif (bas).

Bosquet de bambous *Phyllastachys aurea*.

Sentier du Jardin mexicain, dit exotique.

60. Visite de la villa

Niche en marbre de la Roseraie.

La Roseraie.

Parvenu ainsi à la pointe du parc, il faut repartir en sens opposé par des allées qui serpentent sur la crête jusqu'au temple circulaire, point de mire de la partie centrale du plateau principal, tandis que le flanc est de la colline, avec sa pinède et l'étagement des oliviers courbés, forme le Jardin provençal.

Le Jardin provençal.

Le canal de la grande terrasse et la villa vus du temple de l'Amour.

Le Jardin classique du plateau, aux allées gravillonnées de blanc, tel qu'on peut l'admirer à partir du temple de l'Amour qui le domine, offre à la villa son écrin. S'il fut improprement dénommé, par sa composition symétrique, Jardin à la française, on peut y retrouver l'esprit des jardins de villas italiennes dont certaines ont été une source d'inspiration pour la composition des façades du « palazzino », et qui tout en lui procurant agrément et atmosphère, lui confère un charme diffus mais puissant avec cette progression du cultivé au sauvage. Le jardin se compose d'un parterre haut devant la villa, aux pelouses ornées de pots à feu et de grands vases de la Renaissance italienne, dits vases de cardinaux, d'un grand parterre ovale avec son canal et ses bassins et la note exotique de ses palmiers et de ses bouquets d'agaves, puis d'une rocaille au pied de l'escalier d'eau ; enfin, sur le tertre, la tholos de marbre blanc inscrite dans un fond « à l'anglaise » avec une végétation moins agencée et aux formes naturelles.

Les dernières impressions du visiteur avant de regagner la cour d'honneur par le Jardin de Monsieur planté d'agrumes seront sans doute celles d'un lieu de paradis suspendu entre deux mers.

Régis Vian des Rives

Le premier plateau avec ses échappées
sur la rade de Beaulieu (gauche) et la rade de Villefranche (droite).

La grande terrasse dominée par le temple de l'Amour.

64. Visite de la villa

Passage vers le Jardin de Monsieur.

L'architecture et le décor intérieur

Madame Ephrussi et l'architecture

En 1928, l'architecte Albert Laprade dresse de Madame Ephrussi un portrait sans tendresse : c'est une dame extrêmement nerveuse, agitée, sans cesse trompée, mal comprise et persécutée, toujours hors d'elle et comme hors de son temps, brassant dans un chaos alerte, mais grinçant, cent projets fantasques et irréalisables. La caricature, rancunière, émane d'un grand artiste traité comme un mauvais fournisseur. Pourtant, émouvante et révélatrice, elle évoque aussi certains détails de bâtiments de cette étrange cliente, qui permettent de mieux la comprendre : ainsi, à la villa Ile de France, des glaces reflètent la mer de manière à ce que le temple de l'Amour semble flotter au-dessus, la salle à manger est conçue comme une grande cage de verre entre de fines arcatures de marbre, avec des fleurs dedans et dehors pour atténuer la présence des fenêtres ; pour ses villas de Monaco, elle projette un canal aux marches de marbre rose, des lumières et des jets d'eau, une glace reflétant tout le jardin, un plafond lumineux en albâtre, et accorde une attention extrême à la taille et à la couleur des massifs de fleurs.

Madame Ephrussi est une de ces personnalités riches, intelligentes et désabusées qui ont voué à l'art des bâtiments une passion élevée et exigeante. Comme ses contemporains Boniface de Castellane et Moïse de Camondo, comme le roi-bâtisseur Louis II de Bavière, qu'elle rappelle par de nombreux points, elle confie un rôle onirique écrasant à l'architecture, qui doit devenir le moyen d'une féerie, complété par l'art des jardins, la décoration intérieure, la technique la plus moderne, les matériaux les plus inattendus. Pour parvenir à concrétiser ses rêves, Madame Ephrussi trépigne quand architectes ou artisans ne la comprennent pas à demi-mot. Comme Louis II, elle veut connaître le moindre détail, emploie volontiers le jargon professionnel, ne s'anime vraiment qu'entourée de plans et de maquettes, en attendant de braver les tempêtes lors de visites de chantier inquisitoriales et mouvementées. À travers cette passion, probablement douloureuse, elle assume aussi le lourd héritage des Rothschild. Amateurs d'art fervents et avertis, collectionneurs habiles, metteurs en scène fastueux, ils sont aussi des bâtisseurs très ambitieux. Ce sont eux qui ont diffusé l'idée de l'ennoblissement des demeures de la nouvelle élite par des ensembles de panneaux décoratifs anciens de provenance aristocratique.

Doublement Rothschild (par son père et par sa mère), l'héritière conjugue avec saveur certaines habitudes familiales et une nette originalité, plus poétique. On comprend mieux sa Villa dans cette perspective. Depuis leur fulgurante ascension dans la première moitié du XIXe siècle, les bâtisseurs de la famille sont toujours en compétition entre cousins. C'est parfois une course à la surenchère : ainsi Ferrières surpasse Mentmore. Mais cette émulation peut être également amicale ; on se prête un architecte ou un décorateur, on se conseille un antiquaire : ainsi l'architecte de Ferdinand en Angleterre projette aussi l'hôtel d'Albert de Rothschild à

Vienne et sera le père du fournisseur probable de quelques boiseries pour Ile de France, le Français Walter-André Destailleur (1867-1940).

Le souci anglais du confort et une certaine vogue de l'architecture anglo-saxonne dans toute l'Europe du XIXe siècle expliquent peut-être le goût « rothschildien » durable pour les halls, grandes salles centrales de leurs châteaux. Le patio d'Ile de France est le seul à avoir résolu, en termes de qualité de lumière, le difficile problème de l'éclairage zénithal : les verrières masquées de la villa sont nettement supérieures à celles de Mentmore, de Ferrières, des hôtels particuliers parisiens de la rue de Monceau et de la rue Berryer.

Le goût régalien de forcer la nature en des terrassements gigantesques place également Ile de France dans la lignée de Waddesdon. Mais Madame Ephrussi fait aussi appel à des artistes jusqu'alors peu sollicités par les Rothschild : ainsi le paysagiste Achille Duchêne (1866-1947), chargé d'un projet de jardin pour Ile de France, a davantage travaillé pour les Ephrussi. De même, Aaron Messiah (1858-1940) et Harold Peto (1854-1933) sont parmi les spécialistes locaux d'une architecture italianisante de grandes villas pour hivernants fortunés.

Au-delà de la tradition familiale, la personnalité du commanditaire joue ici un rôle essentiel dans le choix de la décoration et des œuvres, ce qui rend l'ensemble plus vivant que la plupart des grandes collections Rothschild de l'époque. Celles-ci présentent en effet une variété et une quantité d'objets étourdissantes : tout ce qu'il y a de plus beau et de plus rare, de préférence de provenance royale, dans toutes les directions possibles. Contrairement aux générations précédentes, Madame Ephrussi semble avoir évité cet enthousiasme peut-être un peu conventionnel, à l'universalité appliquée. La course aux objets précieux, prisés surtout comme moyens de représentation, est remplacée ici par un choix plus désinvolte, plus humain et donc plus attachant. Par compensation, l'attention du collectionneur est devenue plus constante et s'adresse à un ensemble désormais complet de manifestations d'un style et d'une époque ; Ile de France rassemble ainsi toutes les productions du XVIIIe siècle français : boiseries, cheminées, meubles et sièges, bronzes, porcelaines, tapis et tapisseries, peintures et gravures. Quelques brillantes représentations de l'art étranger s'y ajoutent presque logiquement comme pour l'enrichir : fantaisie fleurie de la porcelaine allemande, préfigurant d'ailleurs Vincennes et Sèvres, liberté nerveuse et piquante du mobilier vénitien, charme étrange et prenant de l'art extrême-oriental sensiblement contemporain, qu'on peut encore rattacher, certes de façon plus ténue, au goût du XVIIIe siècle pour les chinoiseries.

Pour abriter ces trésors, Madame Ephrussi va faire preuve d'originalité et créer une demeure exceptionnelle et inattendue, provoquant ainsi quelques heurts avec ses architectes. C'est d'abord la volonté et le goût du contraste : un grand jardin classique avec parterres de fleurs et pièces d'eau dans un site aride, des boiseries françaises foncièrement urbaines dans un palais à l'italienne, un patio centré entouré de galeries aux échappées marines vers l'infini. C'est aussi un goût du transparent, du féerique, du théâtral : toujours plus de lumière, de clarté et de légèreté malgré les problèmes techniques : il faut remplacer les massifs angulaires du patio par de simples colonnes de marbre, mais celles-ci ne peuvent supporter la charge et sont réalisées en stuc habillant les indispensables piliers métalliques (dès 1909, alors que les détails ne sont pas encore arrêtés, l'entreprise parisienne Leydet donne des plans extrêmement détaillés des poutres et piliers qui formeront toute l'ossature de la villa). Reprenant le principe gothique, la salle à manger est conçue comme une cage entièrement vitrée. La structure visible est rejetée en arcatures extérieures qui forment un habillage décoratif. Tous les moyens sont bons : après l'éclectisme constructif, la modernité, avec une charpente métallique portant l'immense toiture et un ciel-plafond suspendu en bois recouvert de plâtre, attaché aux poutres par des milliers de fils de fer, mélange d'ingénierie et de bricolage. Là encore, pour obtenir ce résultat, Madame Ephrussi contraint les architectes à dépasser les solutions consacrées (de tels plafonds, mais beaucoup plus petits, existaient dans les hôtels particuliers 1900).

Patio, plafond suspendu.
Détail de la verrière latérale et du plafond en plâtre.

L'architecture et le décor intérieur. **69**

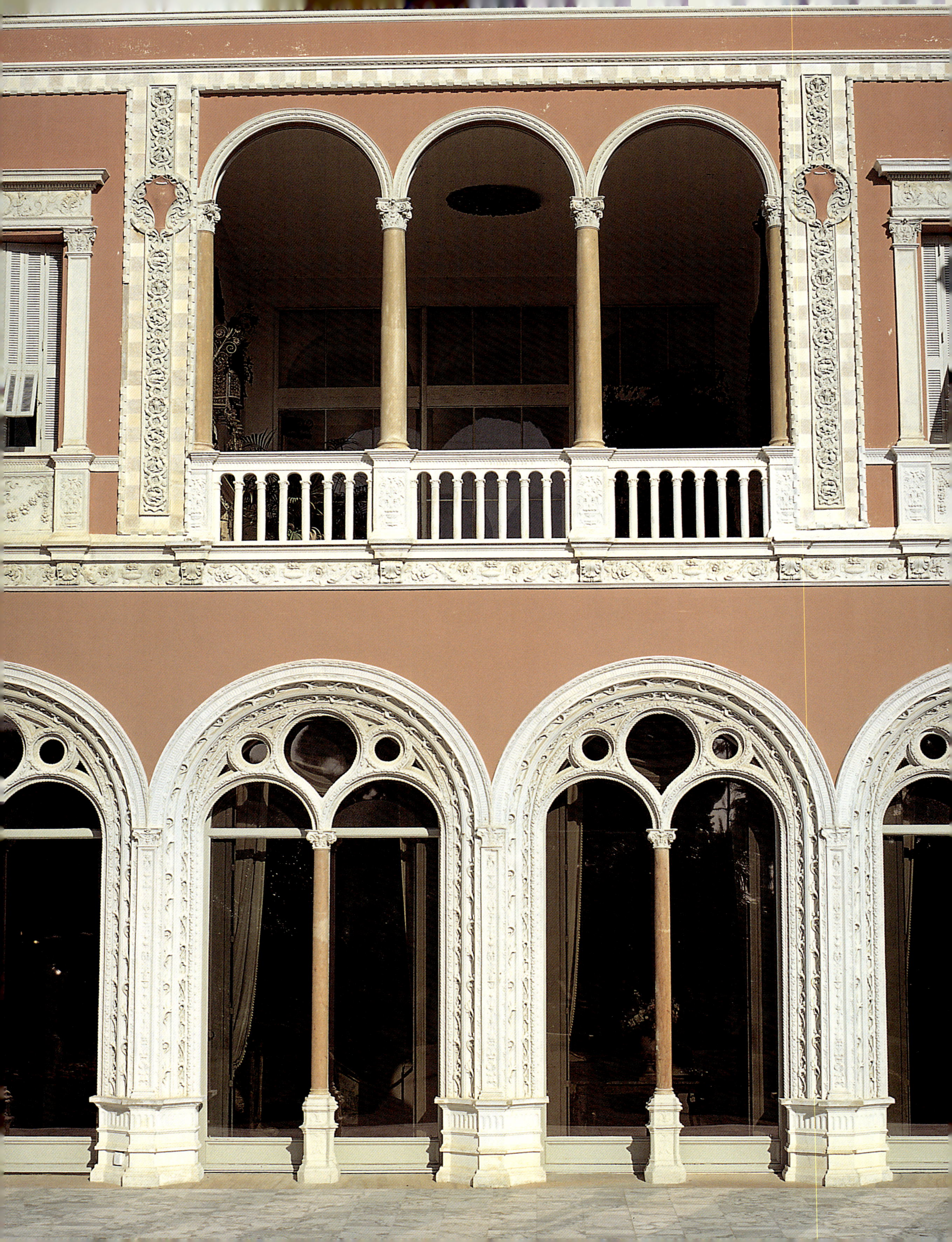

Un chantier mouvementé

Terrassement de la Colle blanche, le chantier en 1907. Cliché de l'Agence Messiah. Coll. part.

Page de gauche, façade Sud, détail du corps central.

Les témoignages sérieux sur la construction de la villa sont rares. Mis à part quelques photographies de chantier et des plans incomplets, les anecdotes trop fantaisistes ne permettent pas de connaître en détail la genèse de cette œuvre. Seules quelques grandes dates semblent incontestables : achat du terrain à « la Colle blanche » en 1905, premiers grands terrassements vers 1907 puis projets précis pour la villa seulement en 1909.

Laprade rappelle sans aménité la kyrielle d'architectes consultés puis congédiés : Paul-Henri Nénot (1853-1934), auteur du très classique hôtel Meurice, Charles Girault (1851-1933), auteur du Petit-Palais et consulté par Édouard de Rothschild en 1905 pour son manoir de Gouvieux, Édouard Niermanns (1859-1928), surtout décorateur, très apprécié à Monte-Carlo. Ces quelques noms prouvent que Madame Ephrussi visait haut, notamment avec les deux premiers, respectivement prix de Rome en 1877 et 1880 et membres de l'Institut, réputés pour la correction de leurs créations néo-classiques. Laprade signale également d'autres praticiens de Londres, Paris, Cannes, Nice, Rome. On aimerait des noms… Celui de Londres fut probablement conseillé par les cousins maternels de la branche anglaise. Celui de Rome était sans doute un accident, un moment d'inattention. Parmi les architectes parisiens on peut imaginer Walter-André Destailleur, Ernest Sanson et René Sergent, fervents néo-classiques à la clientèle très proche puisée dans la haute finance et l'industrie, les grands noms israélites, la noblesse. Très conscients de leur valeur et chargés de commandes, ils furent sans doute vite rebutés par la liberté de vues de leur éventuelle cliente. De même pour les vedettes méridionales comme Charles Dalmas ou Georges Tersling, brillants, avares ou autoritaires.

Pour Ile de France, la postérité a injustement retenu le seul nom d'Aaron Messiah. Il faut dire que ce dernier fit tout pour cela : son auto-hagiographie pèche par une regrettable tendance à s'attribuer la paternité de chefs-d'œuvre dont il fut seulement architecte d'exécution. Il convient donc de retenir plutôt au premier rang le Pari-

L'architecture et le décor intérieur.

sien Marcel Auburtin (1872-1926), prix de Rome 1898, digne successeur des artistes signalés par Laprade. C'est à Auburtin qu'on doit plan général, édification du gros œuvre en 1909-1910, répartition et localisation des appartements, habile distribution du patio, rejet de la grande salle à manger côté cour, rythme et composition générale des façades, avec de belles colonnades portant des arcs en plein cintre.

Mais Auburtin, pur produit de l'École des beaux-arts, avait proposé naïvement une élégante composition, très parisienne, qui intégrait avec naturel et logique les éléments décoratifs typiquement français qu'on lui demandait de mettre en scène. Les rares étrangetés de son plan suivaient, manifestement à regret, les singulières esquisses imposées par sa cliente. L'articulation des espaces usait d'absides, de niches plates, de « points dans l'axe » délicieusement académiques, dignes des meilleurs hôtels particuliers néo-Louis XVI qui s'édifiaient alors.

Le rôle de Messiah consista à passer humblement derrière cet artiste cohérent et trop classique : il désossa la structure trop parfaite et, aussi souvent que possible, il « désaxa ». Ce mot plaisait beaucoup à Madame Ephrussi car elle le considérait comme une recette infaillible pour obtenir des effets pittoresques et piquants. Par ailleurs, comme elle achetait continuellement des boiseries, ce qui remettait régulièrement en cause les plans détaillés déjà tracés, il est probable qu'Auburtin fut très heureux de passer la main à son confrère niçois, à la souplesse déjà légendaire (il était sur la Riviera l'architecte du très pénible roi des Belges Léopold II et de nombreux clients anglais, réputés pour leur extravagance). Comprenant enfin ce que Madame Ephrussi attendait de son architecte (être un très docile exécutant et un technicien averti et inventif), il désarticula le plan d'Auburtin et lui donna une inflexion italo-Renaissance respectant la composition générale imposée par l'avancement de la construction.

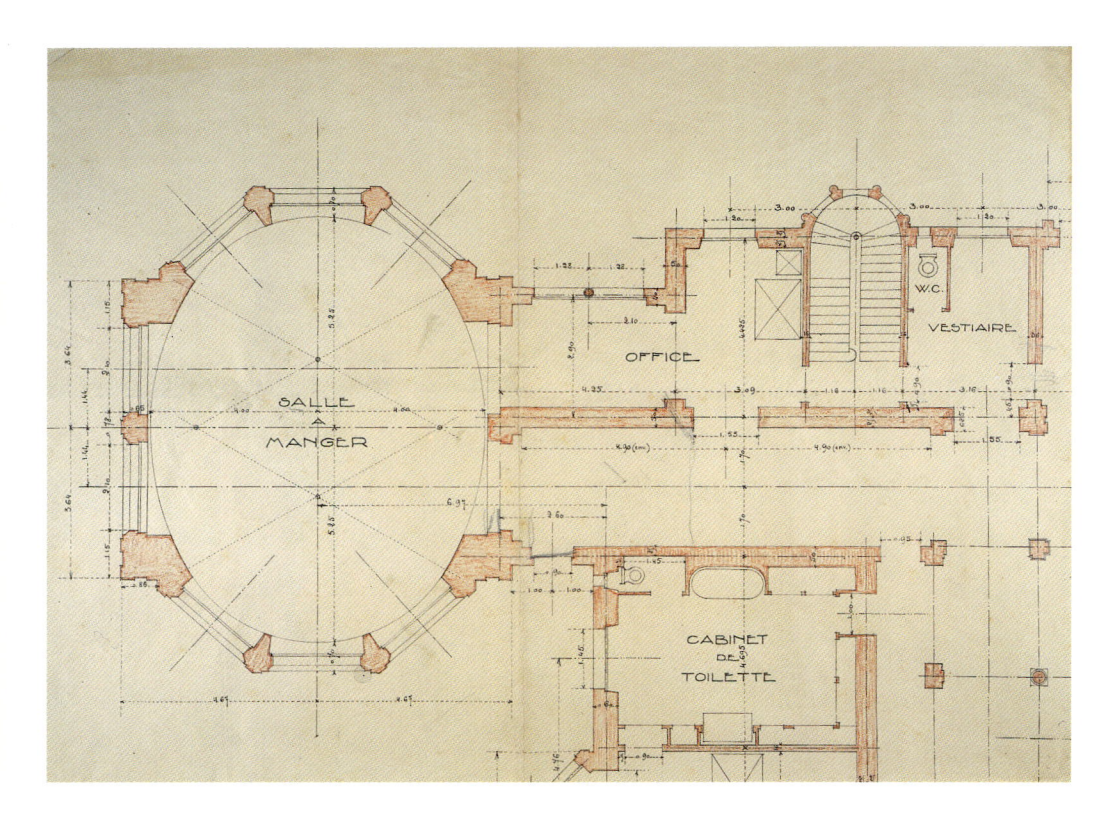

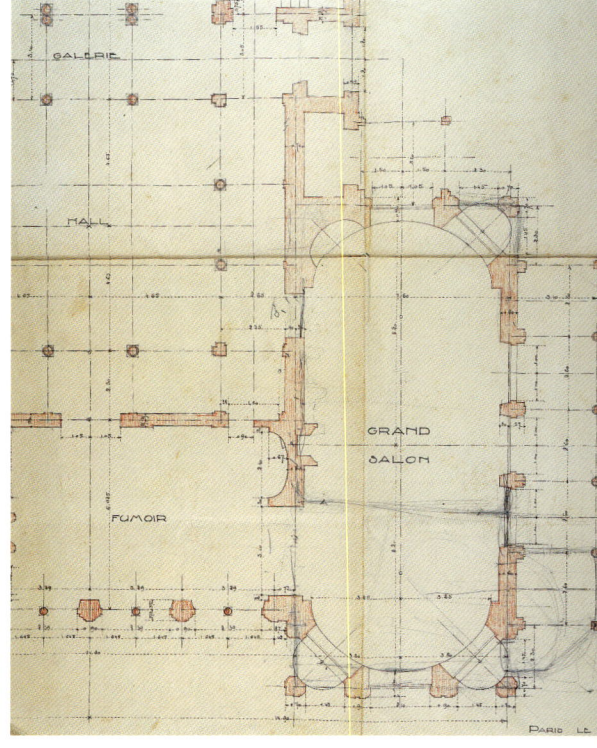

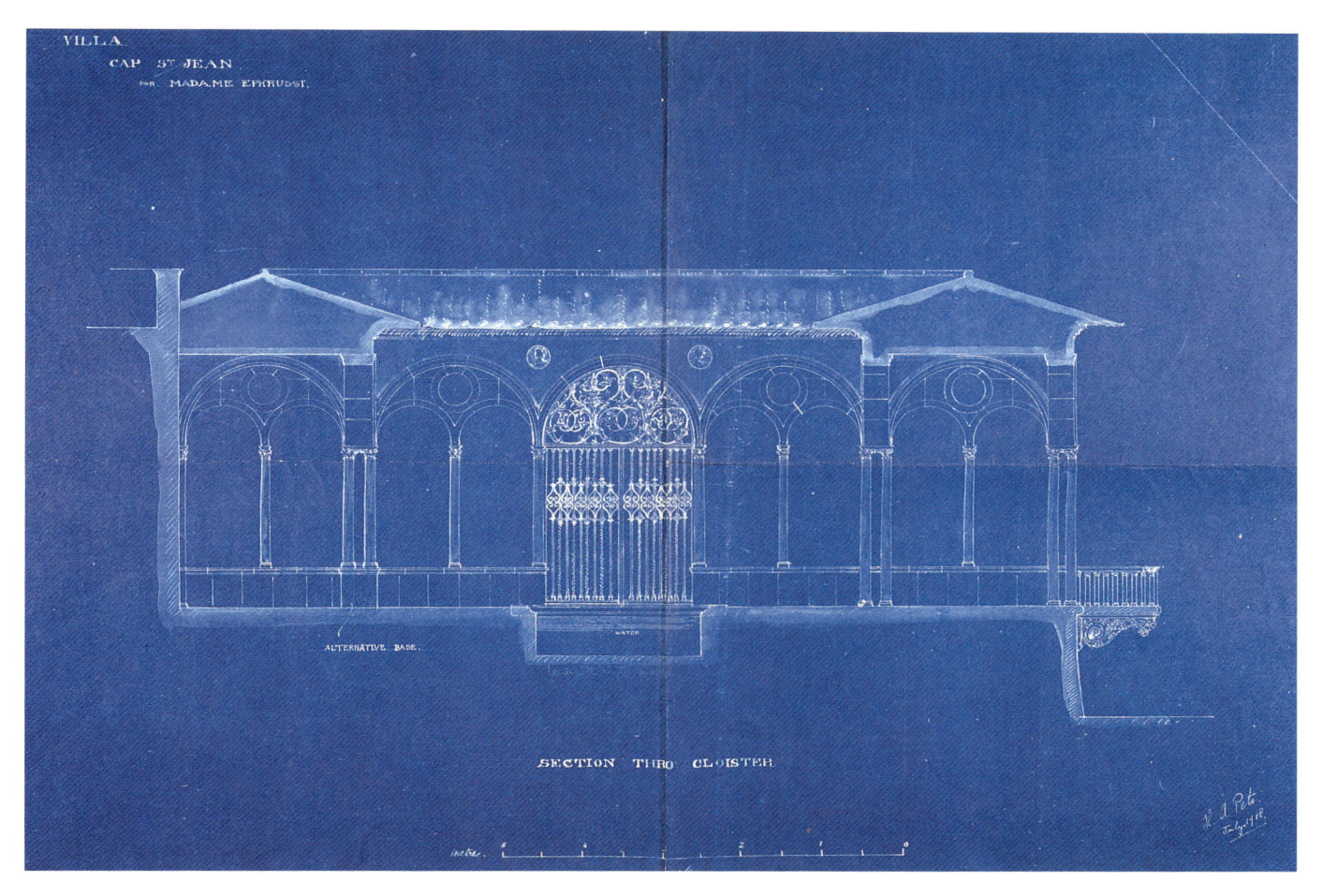

Page de gauche, à gauche : projet Auburtin, détail du plan de la salle à manger. Archives de la Fondation. À droite : projet Auburtin, détail du plan du grand salon. Archives de la Fondation.

Projet d'Harold Peto pour un cloître néo-Renaissance. Archives de la Fondation.

Probablement, Madame Ephrussi fut séduite par les œuvres de style néo-Renaissance italienne que Messiah avait déjà réalisées au Cap-Ferrat, souvent sur des plans d'Harold Peto, comme Maryland en 1905 et Rosemary en 1907. Le style en était conventionnel, les effets un peu faciles, et les compositions sommaires. Mais, à partir d'un beau schéma de prix de Rome, la confrontation des conceptions de Messiah et d'Auburtin pouvait produire un résultat présentant cette fois une certaine tenue. Ce fut le cas, surtout côté parc. On doit aussi cette réussite aux profondes connaissances de Madame Ephrussi en architecture italienne, qui lui permettaient de se montrer particulièrement exigeante et ambitieuse du point de vue esthétique.

L'intervention de Messiah, quoique tardive, fut donc capitale. Dès l'origine il coordonna les terrassements du futur parc. En 1910-1911, c'est lui qui vint à bout de l'immense tâche, avec quelques difficultés épisodiques comme les glissements de terrain à l'est et un écroulement de maquette un jour de visite de chantier. Il mit au propre les plans d'exécution et s'assura de leur faisabilité technique, ce qui n'allait pas toujours de soi. Il dirigea sur place la fin de la construction.

Puis il supervisa la réalisation de neuf onéreuses maquettes. Comme cela se faisait encore couramment à Paris pour les riches hôtels particuliers, on érigeait (en plâtre sur chassis métallique) quelques travées du bâti-

L'architecture et le décor intérieur.

74. L'architecture et le décor intérieur

ment, entièrement décorées, ce qui permettait de corriger l'effet et l'échelle de certains détails. Le procédé était généralement limité à un essai, une fois les élévations bien arrêtées avec le client. Madame Ephrussi, d'une fastueuse prudence, préféra recommencer huit fois en utilisant une technique légèrement différente (toiles peintes en trompe l'œil, bois sculptés, charpentes en bois).

En 1911, le gros œuvre terminé, Messiah supervisa la réalisation des décors de façade définitifs à partir de moules italiens en staff. En 1912, ainsi que l'indique la mosaïque du patio, la villa était pratiquement achevée. Des architectes locaux comme Clément Goyenèche (1893-1983) et Félix Vérola (1879-1949) y avaient aussi participé, consultés pour des détails décoratifs. Certains angles de façade, certaines pièces ne seront jamais terminés (les travaux ne seront définitivement arrêtés qu'en 1919). Mais on considéra alors la villa comme habitable, et on peut imaginer qu'il s'y donna quelques rares réceptions. Messiah conçut enfin, pendant l'été 1912, la conciergerie, sorte de plaisant modèle réduit qui présente cependant un certain cachet.

La décoration intérieure fut menée de front, en raison du rapport étroit entre certains ensembles de panneaux, les plans et les élévations. D'ailleurs Madame Ephrussi n'hésitait pas à faire démolir un pan de façade pour améliorer l'éclairage ou l'ambiance d'un salon.

En 1906-1908, plusieurs livres-recueils situaient quelques beaux ensembles Louis XVI (visibles aujourd'hui dans la villa) chez des particuliers ou de grands marchands comme Hoentschel, Seligmann et Wildenstein. En 1907, Madame Ephrussi acheta des boiseries de l'hôtel Crillon, comme le prince de La Tour d'Auvergne qui les utilisa dans son nouvel hôtel particulier de l'avenue La Tour-Maubourg. En 1910 le plan de l'appartement particulier fut modifié pour inclure les panneaux arrondis de l'actuelle salle de bains. Dans toute la villa un important travail de remontage, de complément et d'adaptation occupa l'année 1911 avec la mise en place des corniches et cheminées (en majorité de belles copies 1900), le marouflage des panneaux sur toile, l'électrification, la pose des parquets et la réalisation de mosaïques d'inspiration Renaissance dans le patio et dans la salle à manger.

Salle à manger, détail du pavement en mosaïque.

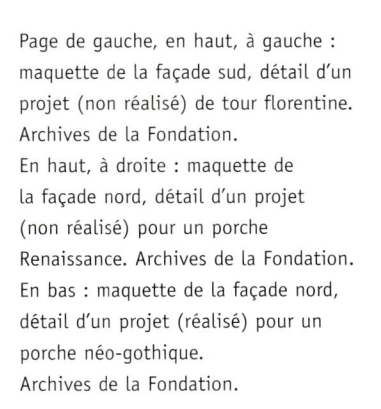

Page de gauche, en haut, à gauche : maquette de la façade sud, détail d'un projet (non réalisé) de tour florentine. Archives de la Fondation.
En haut, à droite : maquette de la façade nord, détail d'un projet (non réalisé) pour un porche Renaissance. Archives de la Fondation.
En bas : maquette de la façade nord, détail d'un projet (réalisé) pour un porche néo-gothique. Archives de la Fondation.

D'un point de vue technique, la villa surpasse nettement la moyenne des résidences de villégiature Belle Époque. Non seulement par sa taille, avec une cinquantaine de salles, mais aussi par la complexité de ses services, son ascenseur, son monte-plats et le confort de ses huit salles de bains. Ile de France rappelle la plupart des châteaux Rothschild par la qualité de construction et le luxe des détails : la grande cuisine est construite sous la cour d'honneur et éclairée par une cour anglaise masquée en surface par des bosquets ; de nombreux offices et salles pour les domestiques complètent ce service conçu à l'échelle d'importantes réceptions ; les perrons et terrasses des salons reposent sur ces immenses salles souterraines. Le système de persiennes à double ouverture (jalousies à la piémontaise et repliement à la parisienne), les volets intérieurs en miroirs disparaissant dans les murs, le chauffage central à air pulsé sur batteries de radiateurs souterraines à eau chaude, sont d'un somptueux raffinement. Comble du luxe, la cheminée du calorifère à charbon est construite à la limite nord de la propriété, très loin de la villa, et fonctionne par aspiration, alimentée par un tunnel creusé dans le roc sous les bosquets : la fumée ne risque pas de gâter les fleurs et les senteurs des jardins. Le plan du premier étage destiné aux invités s'inspire des dernières améliorations dans l'hôtellerie de luxe, avec ses ensembles antichambre-sas, chambre, salle de bain à verrière, parfois salon particulier.

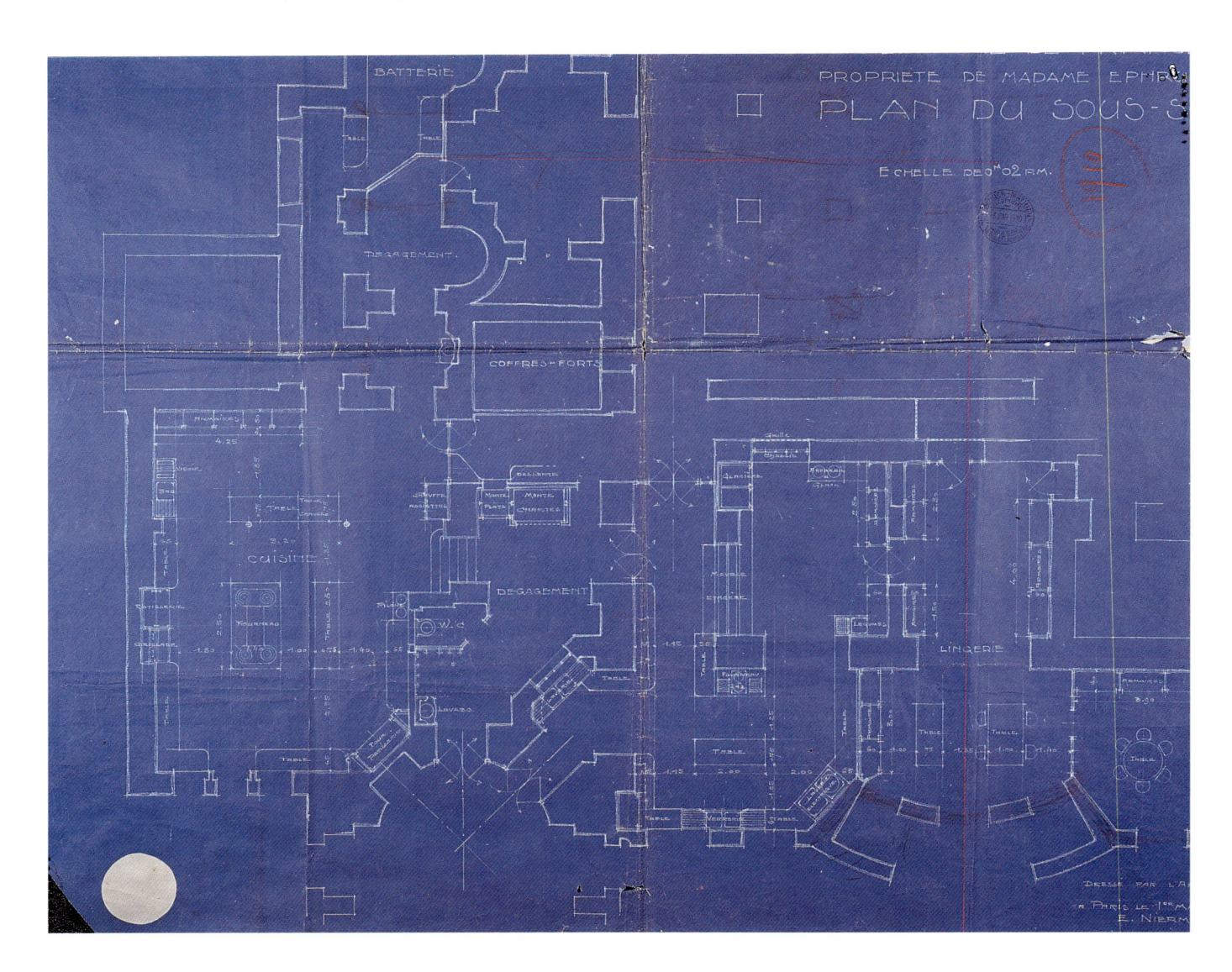

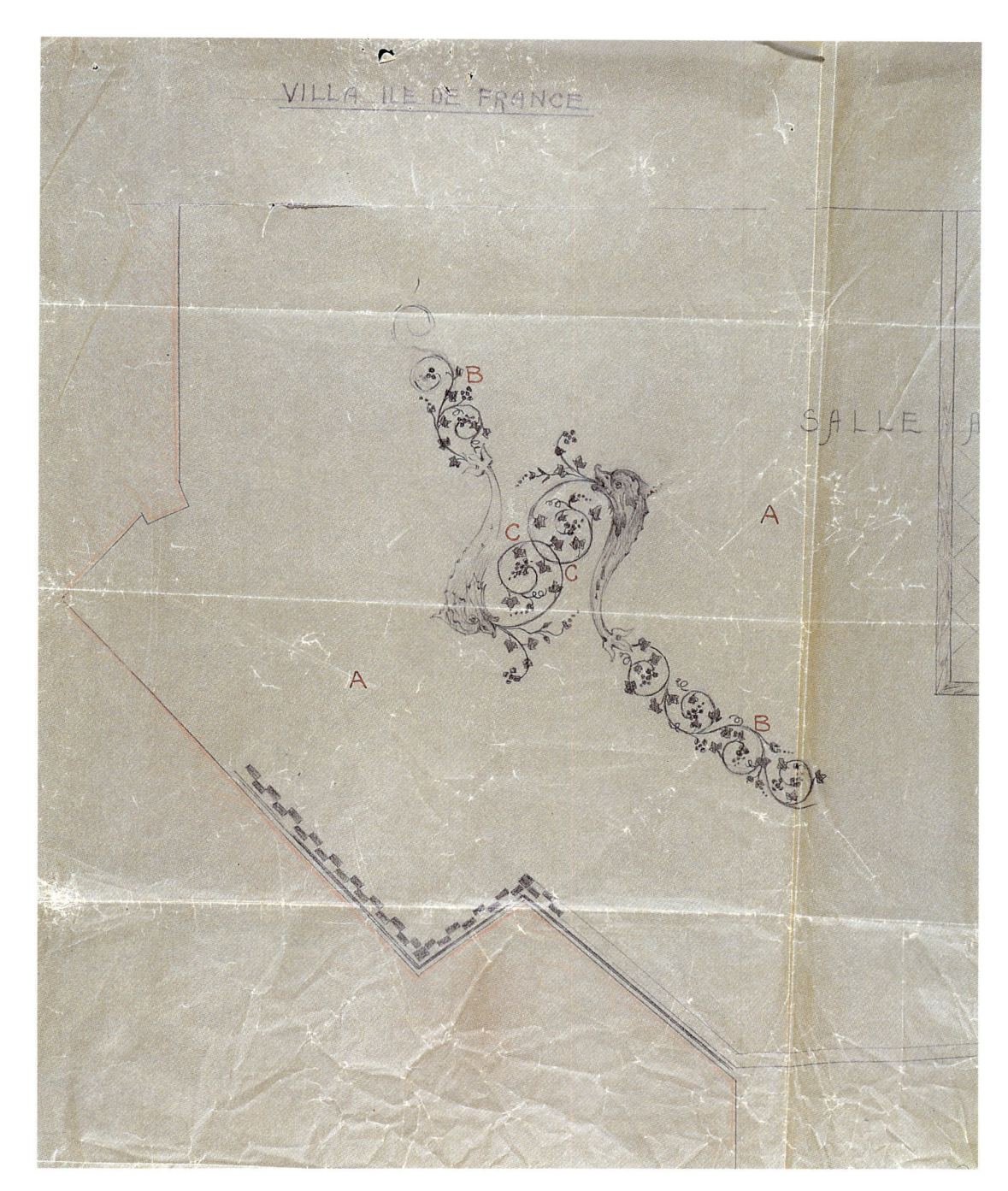

Page de gauche, projet Niermanns, détail du plan des cuisines et offices. Archives de la Fondation.

Salle à manger, dessin du projet de mosaïque. Archives de la Fondation.

En revanche, ce souci de perfection n'eut pas un résultat aussi heureux pour la construction des façades. Celles-ci, avec leurs murs composites et leurs fragiles arcatures, posent de permanents problèmes de restauration : Madame Ephrussi était toujours impatiente et ses architectes témoignèrent d'une confiance excessive dans les armatures métalliques, à une époque où le ciment armé commençait.

L'architecture et le décor intérieur. **77**

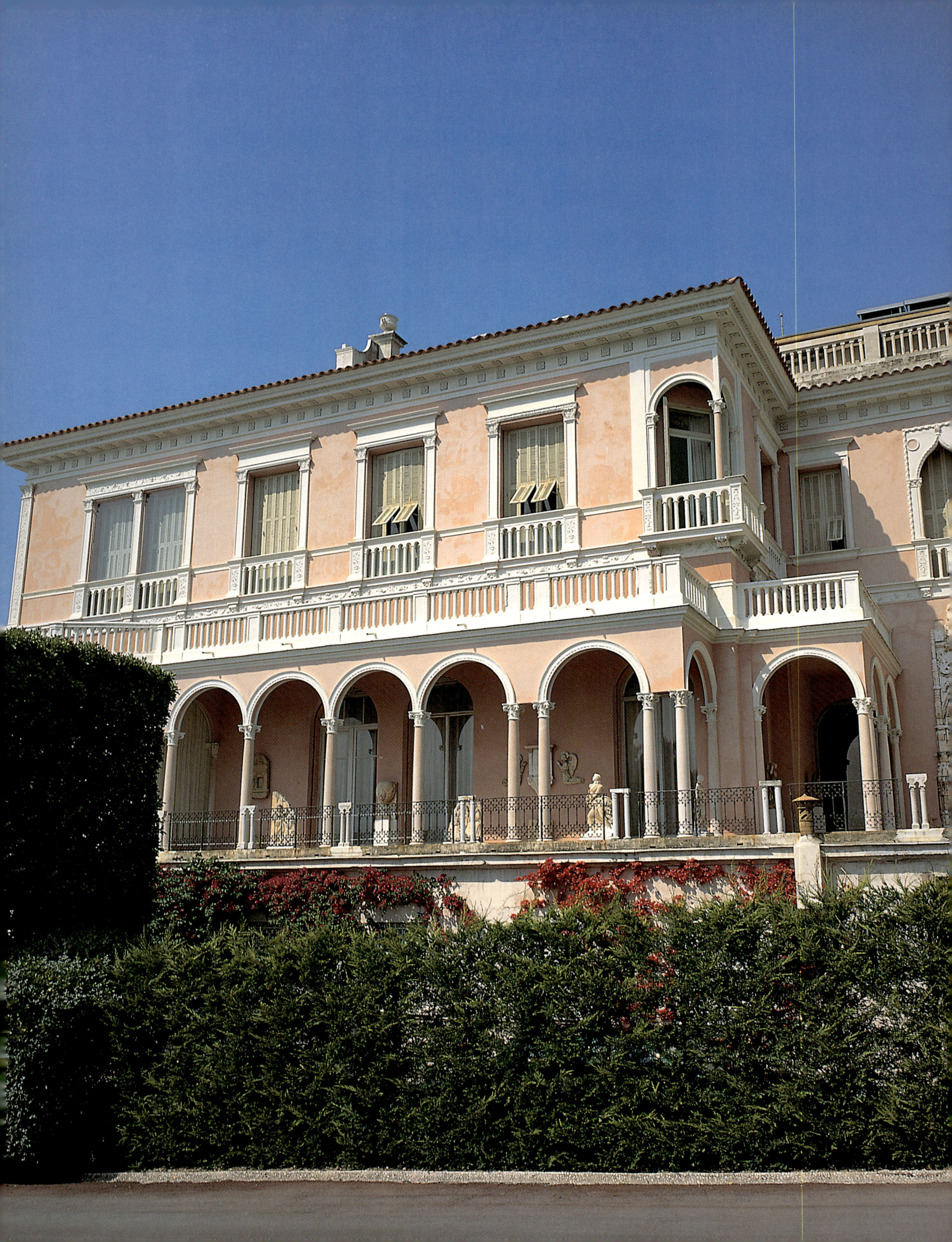

Les façades

Vue générale de la façade est.

Le terrain pentu, un accès unique par l'est, expliquent la disposition particulière des façades. Chacune est conçue comme un morceau séparé des autres, en relation avec son jardin ou ses points de vue. Il y a ainsi quatre compositions différentes et successives. Comme le révèlent les entretiens de Laprade avec Madame Ephrussi pour ses projets monégasques en 1928, les extérieurs étaient pour elle une suite de tableaux, d'ambiances variées et évocatrices. Cette conception fragmentaire est très sensible à Ile de France. De plus, la décoration de ces façades a été étudiée après l'approbation du plan et la réalisation du gros œuvre, puis simulée sur place en maquettes grandeur nature, par morceaux. Le résultat correspond exactement à cette méthode singulière.

FAÇADE EST

La première façade que l'on découvre est celle de l'est. La pente oblige à passer en contrebas de la terrasse, devant le sous-sol traité en soubassement avec de petites fenêtres grillées carrées, peut-être inspirées du rez-de-chaussée des palais urbains florentins. La ressemblance devait être plus sensible lorsque les murs de la villa étaient ocre jaune, comme le sont encore ceux de la conciergerie. L'entrée actuelle est moderne. Le soubassement massif porte directement l'étroite terrasse où une simple arcature sur colonnes précède les salons du rez-de-chaussée. Au premier étage, les fenêtres presque régulières correspondent aux chambres. Une seconde partie de la façade, traitée en angle rentrant, fait la transition avec la tour polygonale du grand escalier. Dans cette composition pittoresque le mouvement vertical vigoureux convient bien au style gothique vénitien de la baie du premier étage. Au rez-de-chaussée, un grand portail de marbre blanc, aujourd'hui muré, éclairait la galerie transversale du patio.

FAÇADE NORD

La façade d'entrée au nord se compose de quatre parties : à l'extrême gauche, la tour d'escalier, très ajourée, est d'une facture fantaisiste ; le compartimentage originel de ses immenses baies était aussi une création moderne. À l'extrême droite, une aile basse distincte, dont le portique s'inspire de la Renaissance florentine. Le haut plan central qui habille le volume principal de la villa constitue le corps principal de la façade. La première impression, de confusion, vient de la juxtaposition de deux séquences symétriques par elles-mêmes.

La composition de gauche compte trois travées rapprochées avec pour motif principal le porche d'entrée dont le décor est reproduit à plat sur les baies latérales. L'inspiration est gothique flamboyant mais il s'agit d'une création moderne, comme le prouvent la fraîcheur du marbre des fonds et la finesse de la sculpture réalisée sur du ciment armé.

La composition de droite compte aussi trois travées ; le motif central est la saillie polygonale d'un escalier intérieur, traitée dans le genre de la Renaissance florentine et imitant la chaire de l'église de Santa Croce, réalisée par Benedetto da Maiano entre 1472 et 1476. Il est possible que Madame Ephrussi ait d'abord envisagé un pastiche authentique en utilisant de longues consoles de pierre sculptée pour supporter l'encorbellement (ces éléments d'époque sont conservés dans le jardin lapidaire). Finalement cet escalier fut entièrement réalisé en matériaux modernes (le panneau central, curieusement plus pauvre que les latéraux, est une réparation déjà ancienne utilisant des rosaces de la corniche). Les baies latérales sont ici de style gothique vénitien.

Au premier étage, la composition s'aligne sur les symétries du rez-de-jardin. Mais une judicieuse inversion des types de fenêtres rend l'ensemble de la façade homogène.

Les baies plein cintre jumelles employées sont rares dans l'architecture vénitienne. Celles-ci, comme l'articulation avec l'attique à petites fenêtres carrées, rappellent le vieux palais Dandolo-Farsetti à Rialto, bel exemple gothico-byzantin du XIIIe siècle. Le puits du centre de la cour d'honneur, placé dès l'édification du gros œuvre, appartient au même registre stylistique.

Vue générale de la façade nord.

Page de droite, vue générale de la façade ouest.

FAÇADE OUEST

La façade ouest donne sur la rade de Villefranche. Cette vue exceptionnelle a déterminé l'emplacement des appartements de Monsieur et Madame Ephrussi. La pente moins raide a aussi permis une terrasse plus large (aujourd'hui Jardin des Sèvres). La façade présente une composition concave refermée aux extrémités par des avant-corps : à gauche l'aile Renaissance de la salle à manger, à droite la rotonde de la chambre de Madame, au centre la petite avancée polygonale de la chambre de Monsieur. L'alignement des corps de logis et des axes des jardins annonce ici le principe appliqué en façade sud de manière plus monumentale : la loggia de la chambre de Madame sert de toile de fond à l'escalier descendant vers le Nymphée. Le petit pavillon de la chambre de Monsieur donne sur un perron arrondi à deux rampes desservant un petit parterre rectangulaire. Intimité, régularité et douceur des formes caractérisent ces jardins de l'ouest, à l'échelle des appartements privés dont ils sont le prolongement.

Sur cette façade, plusieurs références à des modèles italiens : la loggia du Casino Farnèse de Caprarola (Vignole, 1587) inspire la triple baie de la chambre de Madame. Celle de la chambre de Monsieur rappelle les débuts de la Renaissance florentine. Les baies latérales du rez-de-jardin reprennent les « polifore » des palais vénitiens du XVe siècle. Même inspiration pour la grande baie angulaire ouvrant autrefois sur la galerie transversale du patio (aujourd'hui murée), réduction de la Porta della Carta du palais des Doges.

L'architecture et le décor intérieur.

FAÇADE SUD

Plus encore que les autres façades, celle qui regarde le jardin classique est conçue en fonction du recul et des points de vue. Elle est donc d'une échelle plus grande et, exceptionnellement, symétrique. C'est aussi la plus riche en références. Une maquette avait d'abord simulé une des tours de la villa Médicis. L'abandon de cette unique citation romaine est significatif ; ce sont les écoles florentine et vénitienne, plus légères, qui fournissent tous les modèles : encadrements de baies et pilastres angulaires forment un réseau géométrique orthogonal et rigoureux, typique de la première Renaissance. Ils reproduisent fidèlement ceux des églises vénitiennes de San Giobbe et des Miracoli. La première (Pietro Lombardo, vers 1450) est d'un style symboliquement primitiviste teinté de « byzantinismes », Venise se posant alors comme la nouvelle Byzance. La seconde (Mauro Codussi, vers 1480) illustre un autre caractère formel des débuts de la Renaissance, avec sa polychromie de marbres, utilisée pour la première fois à Venise comme un décor complet de façade. Ce sont les mêmes marbres qui sont employés à Ile de France : rouge de Vérone, blanc de Carrare, gris clair. Des moulages et photographies fournis par des artisans italiens ont permis des reproductions très fidèles (ces modèles sont conservés dans les souterrains de la villa).

Vue générale de la façade sud.

Page de droite, façade sud, détail du corps central.

82. L'architecture et le décor intérieur

L'architecture et le décor intérieur. 83

Cette façade, la plus importante de la villa, fut l'objet d'études en maquettes particulièrement nombreuses. Les changements effectués montrent l'importance de celles-ci dans la conception et surtout dans la maturation du parti décoratif ; leur coût élevé (900 000 francs-or quand un grand immeuble bourgeois en coûtait 500 000) trouve là une partie de sa justification : élagage de l'éventail des modèles et sélection d'un corpus plus cohérent, détails plus intelligemment choisis, abandon de la tour de la villa Médicis (épuration morphologique), remplacement des pilastres angulaires imités de la Ca d'oro, trop grêles, par ceux néo-Renaissance, plus puissamment architecturés.

En outre, le décor est réparti avec le souci de contrastes plus judicieux : la riche corniche en ronde bosse prévue pour le corps central est abandonnée au profit d'une moulure discrète, mieux adaptée à la situation en fond de façade. Les carreaux de marbre aux couleurs alternées sont supprimés dans les pavillons latéraux, soulignant ainsi la préciosité des encadrements de la loggia centrale. Enfin, le principe d'une corniche à puissantes consoles est abandonné car il s'avère impossible d'aligner ces dernières sur les axes des fenêtres tout en gardant un rythme régulier. Une solution plus linéaire, et bien plus reposante, est préférée.

Les trumeaux encadrant la loggia, dont la composition rappelle à nouveau le Casino Farnèse, viennent de la Ca d'oro vénitienne (Raverti, vers 1440) avec une discrète adaptation : l'écusson timbre ici le haut de la bande de rinceaux et non le bas. Ce décor a été aussi étudié en détail et in situ : un riche panneau de bois sculpté et peint, grandeur nature, qui dut servir lors des essais de façade, est conservé. La balustrade de la loggia s'inspire des palais vénitiens gothiques. Ses dés traités en stylobates sont ornés d'une sorte de chapiteau massif à ressauts dont la silhouette et les proportions rappellent les colonnes syriennes placées au bord du môle sur la Piazzetta avant 1172.

Sur les pavillons latéraux, le motif carré entre les fenêtres du premier étage est aussi une adaptation d'un modèle existant à la Ca d'oro. Mais alors qu'à Venise le centre du motif est ajouré, il est ici rempli de marbre, reproduisant technique et décoration d'un autre palais vénitien, la Ca Dario (Pietro Lombardo, 1487), dans lequel la composition est circulaire.

La quadruple arcature du rez-de-jardin est plus énigmatique. On peut dans une lecture globale néo-vénitienne y voir une référence aux baies géminées en plein cintre et à oculus du palais Vendramin-Calergi. Cela aurait l'avantage de rester dans un corpus homogène de modèles puisque ce palais est aussi de Mauro Codussi (vers 1502). Il y a seulement ajout d'une travée (quatre baies au lieu de trois pour le modèle). La forme en goutte d'eau de l'oculus et la lourde séparation entre chaque baie proviennent plutôt du palais Corner-Spinelli, également de Codussi (vers 1490). Dans l'esprit du même architecte, on observe ici un surprenant désaxement de l'arcature avec la travéation du premier étage, comme sur la façade de son église, toujours vénitienne, de Saint-Zacharie, édifice sur lequel Madame Ephrussi possédait de la documentation.

Certes ces citations prennent place dans une composition moderne au prix de quelques adaptations. Mais la logique et l'esprit des modèles sont respectés, jusqu'au choix des matériaux et au détail de la sculpture. Le mélange des références permet aussi de les annuler réciproquement. D'ailleurs les morceaux trop célèbres et faciles à identifier, qui paraîtraient du coup singuliers, ont été bannis. Voilà donc réunis tous les principes d'un excellent et savoureux pastiche, création à part entière qui ne mérite pas le jugement un peu sommaire et condescendant porté jusqu'ici.

Façade sud, détail d'une fenêtre.

Page de gauche, moulages anciens de l'église San Giobbe à Venise utilisés comme modèles. Archives de la Fondation.

L'architecture et le décor intérieur. **85**

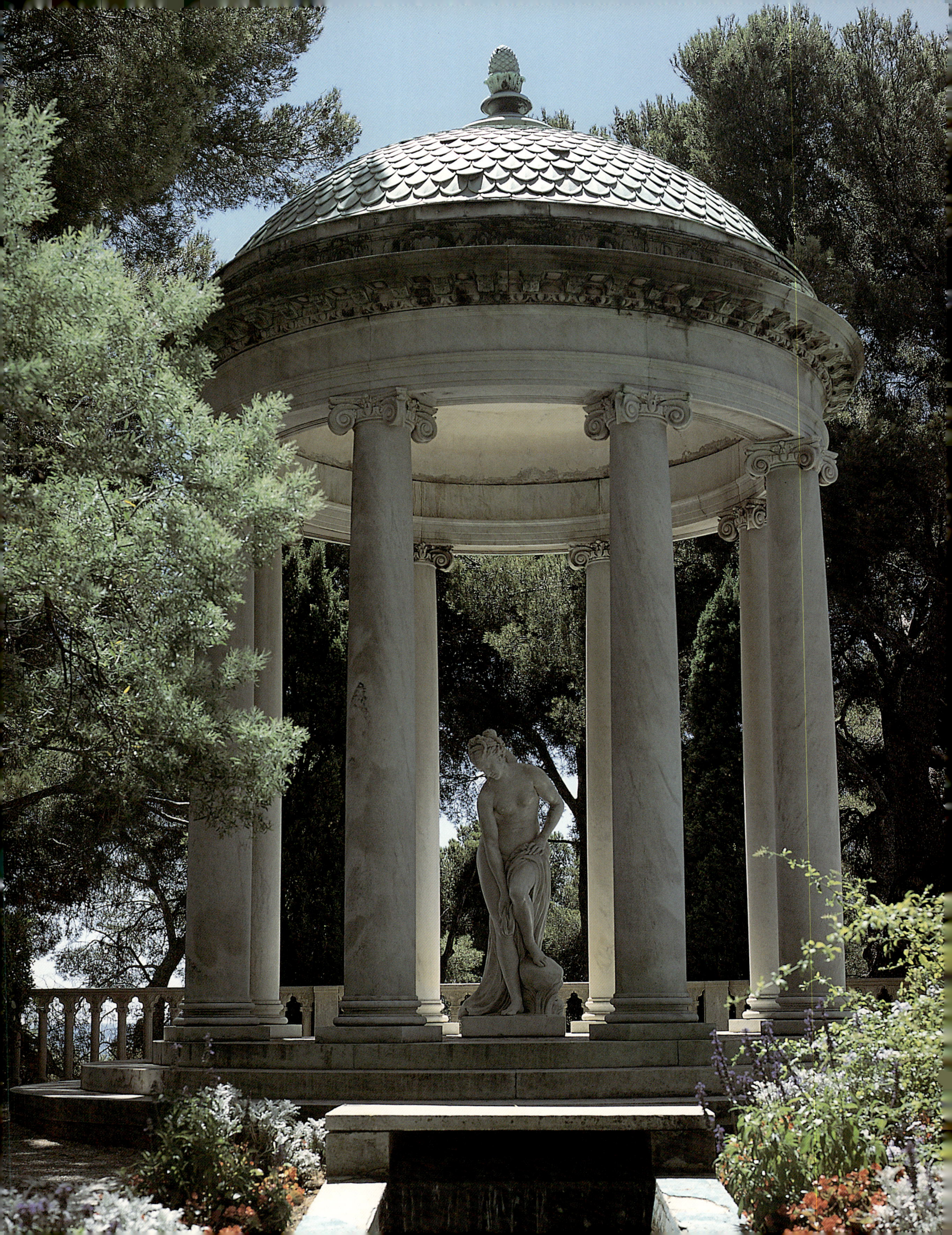

L'architecture dans les jardins

Page de gauche, Le temple de l'Amour, réécriture élégante d'un thème classique.

Pour étudier de manière vraiment complète l'architecture de la villa, il faut aussi évoquer, fût-ce brièvement, les parties proprement architecturales des jardins. On y observe en effet le même esprit, la même façon de concevoir les décors et les ambiances, la même transfiguration de références précises que sur les façades. D'ailleurs, certaines parties bâties des jardins en sont le prolongement visuel et puisent aux mêmes sources.

Comme sur les façades de la villa, les modèles du Nymphée (aujourd'hui Jardin espagnol) sont réécrits sur un mode néo-vénitien-Renaissance, plus particulièrement codussien : l'arcature en portique à colonnettes de marbre rose, avec des disques de marbre plus pâle en façade, rappelle la cour du palais Zorzi (vers 1480), un des chefs-d'œuvre de l'architecte vénitien. Le Nymphée de Caprarola, près de Viterbe (Vignole, 1559), avec un petit canal central, et celui de la célèbre villa Giulia romaine (Vignole, vers 1550) sont les modèles logiques du Nymphée d'Ile de France. Ce dernier synthétise ces constructions, fréquentes dans les villas de la Renaissance, bien qu'il s'éloigne un peu de leur facture humaniste et de son cortège désuet de symboles : les naïades, les étranges nymphes tétonnières sont remplacées ici par une faune plus conforme à l'élégance policée de l'âge classique. De même, le parterre supérieur du jardin classique recompose plusieurs emprunts aux parterres du Casino de Caprarola (termes de pierre en bordure sud, articulation avec la façade de la villa).

Quant au temple de l'Amour, qui semble avoir été construit spécialement pour le jardin, il figure déjà sur un dessin de Duchêne. Avec huit colonnes ioniques, un entablement uni et un couronnement à écailles surmonté d'une haute pigne, c'est une reproduction élégante et habile, comparable en esprit à celles des façades, du modèle romain de la villa Borghese. Dans le parc de celle-ci, l'architecte néo-classique Asprucci éleva vers 1782 plusieurs fabriques, dont ce Tempietto de Diane. Ici encore l'adaptation est discrète mais judicieuse : l'ordre ionique, plus gracieux et réservé aux déesses, remplace un toscan un peu rude, au caractère antique trop appuyé, consacré de surcroît ordinairement aux divinités masculines. La frise nue joue plus doucement avec la lumière que celle sculptée du modèle ; la beauté du marbre blanc y est aussi plus sensible. La calotte intérieure nue remplace les riches caissons du Tempietto. Enfin la pigne du sommet est moins monumentale ; cette remise à l'échelle d'un élément qui doit rester un simple détail donne à l'ensemble une silhouette mieux proportionnée, subtilement plus française et moins « archéologique ». Cependant l'ensemble rappelle ouvertement le charmant modèle, jusqu'à son encadrement par le même bois de pins parasols. Par cette nouvelle interprétation du temple à tholos antique (exercice de style depuis la Renaissance), Madame Ephrussi se place symboliquement dans une flatteuse tradition patricienne, déjà multiséculaire.

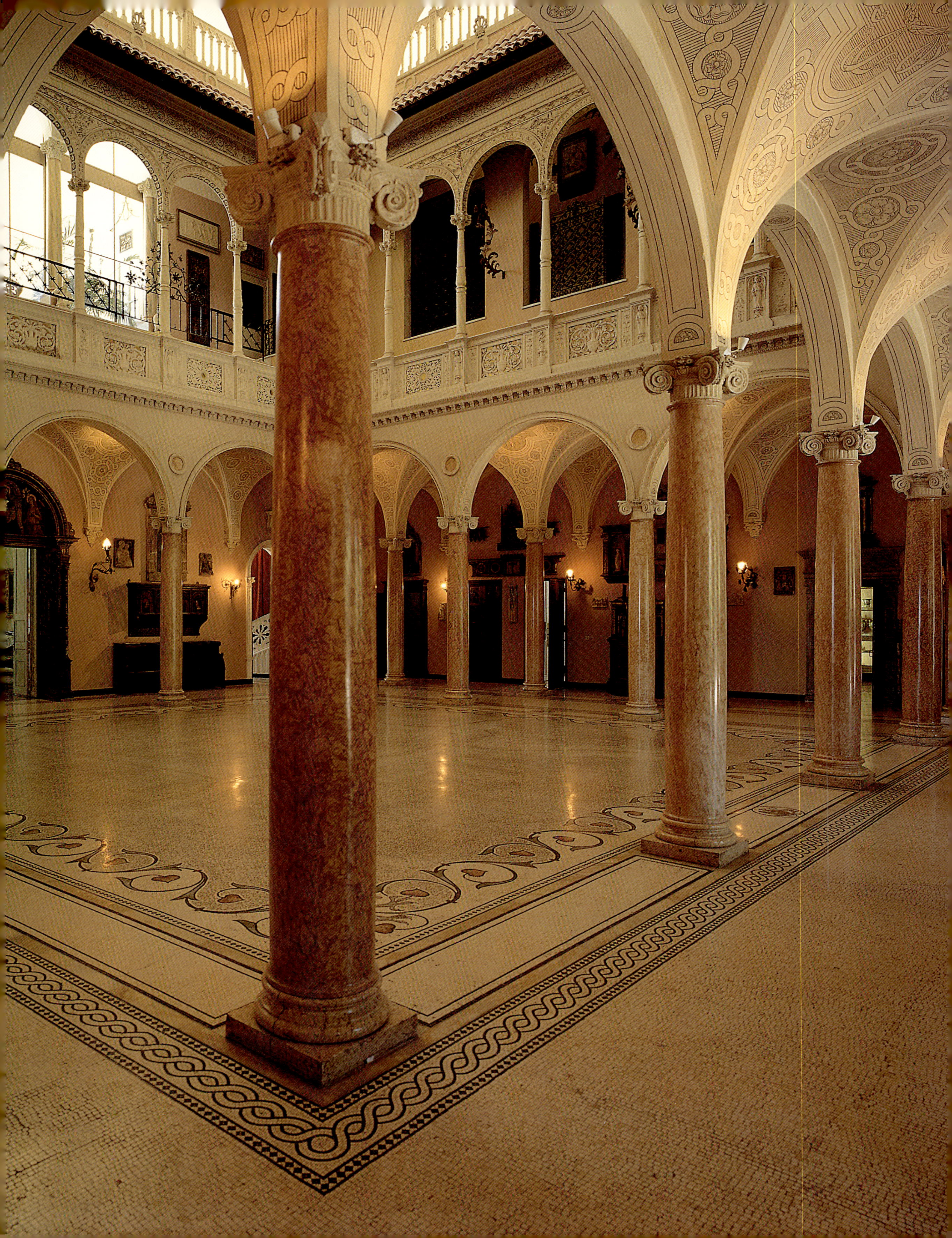

Les intérieurs

Projet (non réalisé) de décoration intérieure pour le Patio. Cliché de l'Agence Messiah. Coll. part.

Page de gauche, Le Patio, vue générale.

LE PATIO

L'intérieur de la villa présente deux ensembles : le premier est le vaste volume compartimenté du patio, le second un groupe de salons et de chambres ornés de boiseries souvent anciennes. C'est donc d'un côté une œuvre proprement architecturale, conçue d'ailleurs en continuité avec les façades, de l'autre un travail de décoration élaboré pièce par pièce.

Le patio est une interprétation à l'italienne du traditionnel hall Rothschild. Cependant l'éclairage naturel est ici dispensé par les fenêtres des galeries latérales (aujourd'hui murées), le vestibule largement éclairé par trois hautes ouvertures et la paroi vitrée prenant jour au premier étage au fond de la lumineuse loggia. Le plafond au ciel simulé reçoit la lumière indirectement par une verrière courant à sa base. Hommage à l'architecture de la Renaissance italienne, ce patio représente une cour avec ses toitures au-dessus du premier étage. Il ne semble pas imiter clairement un édifice connu même si plusieurs détails décoratifs ou de composition rappellent quelques précédents illustres.

Par souci de légèreté, Madame Ephrussi avait imposé tardivement une colonnade entièrement dégagée au rez-de-chaussée. En revanche, conformément au projet d'origine, les piliers angulaires ont été réalisés au premier étage. Le dédoublement des arcades qu'on y observe est inspiré de nombreux modèles vénitiens. Messiah l'avait aussi reproduit à Maryland, de manière assez proche. On le trouve déjà au célèbre palais des Doges gothique, puis sous une forme Renaissance au palais Dolfin de Sansovino, aux Procuratie vecchie de Codussi, au Fondaco dei Tedeschi. Les colonnes, dont les fuseaux renflés rappellent de hauts balustres, imitent probablement un curieux modèle bergamasque dont l'opulence a pu séduire Madame Ephrussi, la chapelle Colleoni (Amadeo, vers 1470). Les édifices milanais, jugés sans doute trop lourds, comme les romains, ont été mis à l'écart, si ce n'est pour une ornementation plafonnante légère faite d'arabesques et de rosaces. Ce décor copie minutieusement le plafond de la chapelle Sforza à Santa Maria delle grazie (Bramante, vers 1492). Ce type d'ornements était à la mode à la fin du XIXe siècle ; en 1894, on pouvait déjà en voir une copie à Milan, au palais Bagatti-Valsecchi. De même, l'abside en cul-de-four nervurée qui conduit à la salle à manger s'inspire de l'œuvre milanais de Bramante. Comme sur les façades, on observe ici la cohérence des modèles, strictement limités au Quattrocento et dus aux plus grands architectes.

LA SALLE À MANGER

L'ancienne Salle à manger (aujourd'hui Salon de thé) présente un peu les mêmes caractères que le patio : c'est une salle où la décoration se limite à un dessus-de-porte néo-Renaissance et à une riche mosaïque de style composite, tandis que l'architecture est déterminante. On peut replacer ce grand vaisseau, entièrement vitré et un peu détaché du corps de la villa, dans la tradition des serres parfois accolées aux résidences Rothschild, notamment en Angleterre, à Halton et Waddesdon. Avec ses nombreuses arcades complètement ouvertes, ses « pleins » limités à de minces pilastres ornés de motifs en chandelier, portant les ogives du plafond, la Salle à manger appartient indubitablement à la catégorie morphologique et fantaisiste des jardins d'hiver. Sa décoration originelle, avec un plafond en laque rouge poudrée de ramages d'or, est également très Rothschild par l'indépendance d'esprit et le goût d'un faste singulier. C'est la seule pièce de la villa qui n'imite ni la Renaissance ni le XVIIIe siècle français.

On sait par ailleurs que Madame Ephrussi l'utilisait comme salle à manger (le plan des cuisines est explicite) et que, lors de ses séjours, elle faisait placer des fleurs et des arbustes à l'intérieur et à l'extérieur, tentant d'abolir la présence des glaces. Dans les lointains la vue embrassait la rade de Villefranche et, plus près, la cour d'honneur bordée d'arbres savamment gradués, du bosquet taillé au bouquet de pins rustiques. Cette étrange et féerique Salle à manger exprime de manière particulièrement éloquente les théories et les idéaux de Madame Ephrussi dans le domaine de l'architecture : un paysage grandiose mis en scène de façon fastueuse, raffinée et insolite. Au-delà de tout jugement stylistique, elle illustre bien une fantaisie d'esthète fortuné.

Antichambre du premier étage,
détail des panneaux de placards.

Page de droite, Lingerie,
détail des panneaux de placards.

LES BOISERIES

Avant d'évoquer les salons ornés de boiseries anciennes, il faut signaler quelques ensembles décoratifs secondaires, entièrement créés par Madame Ephrussi, dans l'esprit des XVIIe et XVIIIe siècles. Un premier groupe de panneaux est visible dans le sous-sol. Il décore une grande pièce qui devait servir de salle à manger des domestiques ou de grand office (selon certains plans, il s'agit de la lingerie). Les lambris de bois y sont ornés de petits panneaux à compartiments avec des personnages sur un fond de ciel, à la manière, robuste mais élégante, de certains intérieurs du début du règne de Louis XIV. Un second ensemble est formé par une antichambre à placards précédant une des chambres principales de l'étage. Là, des portes sont ornées de médaillons à putti sur fond de marbre simulé, avec des draperies, des guirlandes, dans le genre de Sauvage et des décorations

L'architecture et le décor intérieur. **91**

Salon des Singes, détail d'un dessus-de-glace.

de salles d'opéra sous Louis XVI. Dans ces deux créations, Madame Ephrussi témoigne d'un soin décoratif minutieux, puisque ce sont des salles d'intérêt secondaire. Ce souci d'un ensemble harmonieux, utilisant exclusivement des tournures décoratives à l'ancienne, complète logiquement le raffinement et la qualité de construction proprement dite de la villa.

En l'absence quasi complète de plans et d'archives, le décor intérieur n'a jamais fait l'objet de recherches, quelques noms d'ornemanistes connus étant autrefois proposés, semble-t-il un peu au hasard, pour les salles les plus riches. Il est facile d'observer en revanche que le remontage, malgré la date tardive de la construction, ne s'inscrit pas dans la lignée « archéologique »

Salon des Singes, détail de l'allégorie de l'Hiver : les patineurs.

amorcée alors par quelques puristes ou collectionneurs plus exigeants. Au contraire, il s'agit ici de créer des ambiances nouvelles, généralement fraîches, agréables et commodes. Comme l'écrivait Bruno Pons dans *Grands décors français*, étude capitale pour comprendre l'esprit et l'histoire de ces remontages, le salon de compagnie de Madame Ephrussi n'aurait pu être peint que par J.-É. Blanche, certainement pas par de Troy.

En revanche, on doit souligner l'unité de ton, de genre, de « rang », des boiseries par rapport aux autres objets d'art : par exemple, dans l'entourage de Rousseau de la Rottière, auquel sont attribués plusieurs panneaux de la

L'architecture et le décor intérieur. **93**

villa, on trouvait des artistes comme les sculpteurs Marin ou Lecomte, des peintres comme Anne Vallayer-Coster ou Piat-Joseph Sauvage ; certains d'entre eux ayant travaillé autant pour l'architecte Ledoux que pour la reine Marie-Antoinette. Madame Ephrussi possédait, logiquement, des œuvres de tous ces artistes.

Les boiseries les plus anciennes se trouvent dans le Salon des Singes où trois éléments datent des années 1730 : une paire de trumeaux remontés logiquement face à face et une toile peinte remplaçant la glace de l'un d'eux. La paire de trumeaux est ornée de singes entourés d'une rocaille déchiquetée. Le dessin est d'une grande qualité, de même que la coloration douce, typique de la polychromie du début du règne de Louis XV. Ces étroits panneaux, remontés à l'ancienne dans une salle assez petite, sont donc habilement présentés. Madame Ephrussi avait un goût marqué pour les miroirs ; on peut donc s'étonner qu'elle n'ait pas conservé celui face à la cheminée dans sa disposition d'origine, d'autant plus qu'il aurait permis une enfilade infinie, comme on l'aimait au XVIIIe siècle. Elle sacrifia cette disposition pour intégrer le panneau peint, plus remarquable encore que les dessus-de-glace. Il est décoré dans la manière d'Audran ou de Bérain et sensiblement contemporain des trumeaux. B. Pons y a retrouvé le sens des singes patineurs sur glace : il s'agit de l'hiver, panneau d'une série de quatre représentant les Saisons. Ainsi s'expliquent les trois médaillons en camaïeu bleu qui figurent les zodiaques de cette période.

Deux autres peintures, cette fois sur bois, représentent l'été et l'automne sous forme de trophées ; elles datent vraisemblablement de la seconde moitié du XVIIIe siècle. Le reste des panneaux peints est hétéroclite quoique assemblé avec une certaine recherche de masses et de couleurs : quelques morceaux de bas-lambris aux attributs de divinités (cors de chasse et flèches pour Diane, caducée et casque ailé pour Mercure, lyre et soleil pour Apollon, thyrse pour Bacchus, massue pour Hercule). Les parcloses semblent dater du règne de Louis XVI avec de belles guirlandes de fleurs ; les singes y ont été manifestement ajoutés, peut-être seulement en 1911, avec une facture naturaliste un peu dure. Les panneaux supérieurs sont aussi de qualité inégale ; certains sont probablement d'époque Louis XVI, comme le curieux médaillon en grisaille. Cette pièce illustre bien les tendances de Madame Ephrussi et de ses contemporains en matière de décoration intérieure : le concept des reconstitutions historiques était encore sommaire. Certes, il y avait progrès par rapport à l'époque où Balzac assemblait des panneaux d'échelle, de relief et de caractère différents, mais l'idée d'un ensemble stylistiquement cohérent manquait encore.

La majorité des boiseries de la villa, d'époques Louis XVI et Directoire, offre un panorama intéressant pour comprendre l'évolution française du goût décoratif néo-classique. Parmi les premiers exemples Louis XVI, encore marqué par la grâce du règne précédent, on peut voir dans la Salle de bains de Madame un exceptionnel boudoir provenant d'un hôtel particulier parisien. René Destailleur, dans son ouvrage de 1906, *Documents de décoration au XVIIIe siècle,* ne signale pas, hélas, sa situation originelle, mais nous apprend que ce très bel ensemble appartient alors aux Wildenstein. Son attribution à l'ornemaniste Leriche reste admissible : la qualité du décor, la finesse de la peinture, la nervosité dégagée des compositions verticales s'apparentent étroitement au Pavillon du Belvédère (Mique, 1778) qu'il avait décoré pour Marie-Antoinette à Trianon. Si on se rappelle la vogue inouïe de la reine tragique et qu'on y ajoute l'attribution à Leriche, l'un de ses décorateurs, on comprend aisément que Madame Ephrussi ait été séduite par l'acquisition de ce boudoir, décor le plus complet et le plus remarquable de la villa. En 1910, les

Salle de bains de Madame, boiseries de Leriche d'époque Louis XVI.

attributions historico-sentimentales avaient encore une grande importance, même si elles étaient le plus souvent erronées.

La décoration du grand Salon Louis XVI est problématique : après une traditionnelle et déjà ancienne attribution à l'ornemaniste Salembier (dont on aimerait connaître l'origine et les raisons), on estime aujourd'hui que les boiseries proviendraient de l'hôtel Crillon et pourraient être de Pierre-Adrien Paris. Il est encore difficile de trancher : B. Pons, qui a consacré d'importantes (mais incomplètes) recherches aux boiseries de l'hôtel Crillon dispersées en France et à l'étranger, ne signale pas celles du Salon de la villa.

Page de gauche, Salon Louis XVI, boiserie d'époque Louis XVI attribuée à P.-A. Paris.

Salon Louis XVI, écoinçon en grisaille d'époque Louis XVI au-dessus de l'alcôve.

Cependant nous considérons que cette attribution de provenance reste plausible. En effet, le concepteur du nouvel hôtel Crillon, hôtel de voyageurs construit dans les murs de Gabriel de 1907 à 1909, était Walter-André Destailleur, fils d'Hippolyte-Gabriel, l'architecte apprécié des Rothschild, auteur de plusieurs de leurs principaux palais (Waddesdon en Angleterre et hôtel Albert de Rothschild à Vienne) et, pour leur compte, grand brasseur de boiseries anciennes. Il semble donc logique que Walter-André ait signalé les quelques chefs-d'œuvre mis à la vente à une éventuelle cliente, ou au moins à un membre d'une famille qui comptait déjà

L'architecture et le décor intérieur. **97**

parmi les plus prestigieux et fidèles de ses clients. Par ailleurs la vente des boiseries du Crillon fut un événement remarqué : en 1905-1906, de nombreux acquéreurs se manifestèrent alors que les amateurs du Vieux-Paris étaient en émoi. Il semble normal que Madame Ephrussi, déjà décidée à bâtir, ait eu à cœur de posséder quelques panneaux provenant du célèbre édifice, presque voisin de l'hôtel Saint-Florentin qui appartenait à ses parents.

L'examen du salon remonté à la villa laisse une impression mitigée : il est évident que de nombreux panneaux du bas-lambris, quelques morceaux du sommet et même plusieurs grands panneaux datent de 1911 (il reste en réserve des modèles où les traces de poncif sont visibles). Cependant l'irrégularité de la composition, une certaine contrainte dans la distribution suggèrent qu'il ne s'agit pas d'une création totale, qu'il a fallu intégrer, compléter, recomposer. Laprade trouvait en

98. L'architecture et le décor intérieur

1928 que les morceaux étaient de grande valeur mais que le remontage était vraiment trop capricieux. Tout au moins certaines portes avec leur encadrement sculpté, quelques panneaux complets doivent être anciens. Peut-être sont-ils de Paris, peut-être datent-ils de 1775. En outre, l'esprit, l'échelle et le caractère des ornements du Salon Louis XVI sont très proches de panneaux provenant du Crillon aujourd'hui remontés au Metropolitan Museum of Art de New York.

Leur style est incontestablement celui de cette période. Le luxe de l'ornementation, la beauté et l'originalité des motifs, leur aisance dégagée sentent évidemment la « grande manière » qui convient à l'illustre provenance supposée. Ce n'est pas encore un retour trop appuyé à l'Antiquité mais une inflexion, un enrichissement et un renouvellement des motifs, avec camaïeux à la romaine, femmes opposées et cassolettes fumantes, rinceaux. Les baldaquins et les chutes de fleurs sont

L'architecture et le décor intérieur. **99**

plus traditionnels et plus français. L'ensemble présente un mélange savoureux et parfaitement équilibré. Et quoiqu'en ait pensé le grincheux Laprade, une savante composition mêle les couleurs, alterne les panneaux peints avec des glaces, des tapisseries et des baies ouvertes sur la mer. Le propos de Madame Ephrussi n'était pas une reconstitution rigoureuse ; il s'agissait de créer un ensemble pittoresque et plaisant. Elle y est parvenue, en y ajoutant même une touche d'élégance raffinée et fraîche plutôt fidèle à l'esprit du XVIIIe siècle finissant.

D'autres éléments anciens complètent ces boiseries : les colonnes corinthiennes enlacées de guirlandes de fleurs proviendraient des Petits Appartements du Palais-Bourbon. Les écoinçons en grisaille placés au-dessus de l'alcôve et sur les deux faces de la serlienne séparant les deux parties du salon viennent de l'hôtel Hosten

(Ledoux, 1792 ; détruit en 1898) et pourraient être l'œuvre du peintre ornemaniste Rousseau de la Rottière. La longue frise, d'un esprit antiquisant comparable, qui orne le passage vers l'appartement privé de Madame, viendrait alors du même hôtel, qui possédait une frise semblable dans la grande chambre de l'étage de réception. Dans tous ces panneaux il s'agit véritablement de peinture, même si elle est rendue en grisaille sur fond d'or. Une partie du décor de l'hôtel Hosten ayant été achetée par la Maison Lévy, fournisseur de Madame Ephrussi selon R. Destailleur, ce petit puzzle semble donc complet (le reste des boiseries fut acquis à l'époque par le duc de Rivoli). Ces grisailles sur fond d'or appartiennent déjà au néo-classicisme international : Masreliez en peint d'identiques, à nouveau sur une serlienne, pour Gustave III de Suède à Haga, précisément en 1791.

Pages 98 à 101, Salon Louis XVI, serlienne : écoinçons en grisaille attribués à Rousseau de la Rottière.

En haut : Antichambre au rez-de-chaussée, frise en grisaille attribuée à Rousseau de la Rottière.

Page de droite, Boudoir de Madame, détail de l'alcôve, boiserie d'époque Louis XVI.

En bas : Grande Chambre Louis XVI au premier étage, boiserie d'époque Louis XVI.

Plusieurs beaux ensembles des années 1780 sont également visibles. Le grand panneau pompéien en alcôve dans le Boudoir de Madame semble dater de cette période. L'influence antique reste, comme dans les décors contemporains royaux, tempérée par une solide tradition française de la composition, avec des enchaînements gracieux, des enroulements et de fraîches guirlandes fleuries. Les panneaux peints des quatre portes sont peut-être aussi de cette époque, mais cela semble douteux : en effet, curieusement, ces portes présentent un panneau supérieur peint, une traverse sculptée, et un panneau inférieur nu. Il est probable que Madame Ephrussi a « enrichi » de peintures de belles portes à l'origine simplement sculptées, comme on en voit aux hôtels Le Tellier, ou d'Humières, pratiquement contemporains.

La grande Chambre Louis XVI du premier étage possède également d'importants panneaux fleuris qui s'apparentent à ceux du boudoir. Destailleur les attribuait par erreur à Van Spaendonck, artiste revenu à la mode en 1900 à la suite de quelques ventes de ses œuvres. En 1906, ces boiseries appartenaient au marchand et collectionneur Georges Hoentschel. Elles passèrent ensuite en vente en 1907. Madame Ephrussi se trouva à cette occasion en rivalité avec le fastueux banquier américain J. Pierpont-Morgan qui acheta tout ce qu'il put avant de l'offrir au Metropolitan Museum of Art de New York.

L'architecture et le décor intérieur. **103**

Grande Chambre Louis XVI au premier étage : médaillon en dessus-de-glace.

Grande Chambre Louis XVI au premier étage : médaillon en dessus-de-glace.

L'architecture et le décor intérieur.

106. L'architecture et le décor intérieur

Page de gauche, Salon Louis XV : porte de la folie Beaujon, d'époque Louis XVI, par Lavallée-Poussin.

Salon Louis XV : panneau de dessus-de-porte, d'époque Louis XVI.

Les quelques panneaux de la folie Beaujon que l'on peut voir dans le Salon Louis XV ont une histoire mouvementée que B. Pons avait commencé de découvrir : en 1781, le financier Beaujon demandait à l'architecte Nicolas Girardin de lui construire une petite maison rue Fortunée (aujourd'hui rue Berryer) à Paris. La décoration intérieure fut vraisemblablement confiée à l'ornemaniste Lavallée-Poussin. En 1846, Honoré de Balzac acquit ce pavillon qui devint sa résidence. Collectionneur très heureux de posséder ces charmants témoins du XVIIIe siècle, il en fit relever le détail par son architecte Santi et leur ajouta plusieurs dessus-de-porte dorés, qui leur étaient à peu près contemporains. En 1872, la baronne Salomon de Rothschild avait érigé sur le terrain voisin un hôtel particulier qu'elle agrandit en 1882 en intégrant la maison de Balzac, rachetée à sa veuve, Madame Hanska. Les restes de la folie Beaujon disparurent mais pas les panneaux amoureusement remontés par Balzac. On ignore à quelle date la baronne Salomon de Rothschild en céda une partie à sa parente Madame Ephrussi, qui les remonta en 1911 dans le Fumoir (actuel Salon Louis XV).

On les trouve donc aujourd'hui dans cette salle : c'est une porte inscrite dans une arcature en plein cintre et surmontée d'un médaillon à l'antique (dont les feuillages dorés sont postérieurs), ainsi que plusieurs panneaux horizontaux dorés, dans le genre « dessus-de-porte », remontés au-dessus de la corniche, juste sous le plafond. Le reste des panneaux, discrètement peint en blanc et gris clair, date de 1911. Le dessus-de-porte de la Chambre de Madame en direction de la Salle de bains provient peut-être du même endroit car il est d'une facture comparable, tandis que la paire de portes semble un peu antérieure.

L'architecture et le décor intérieur. **107**

108. L'architecture et le décor intérieur

L'architecture et le décor intérieur. **109**

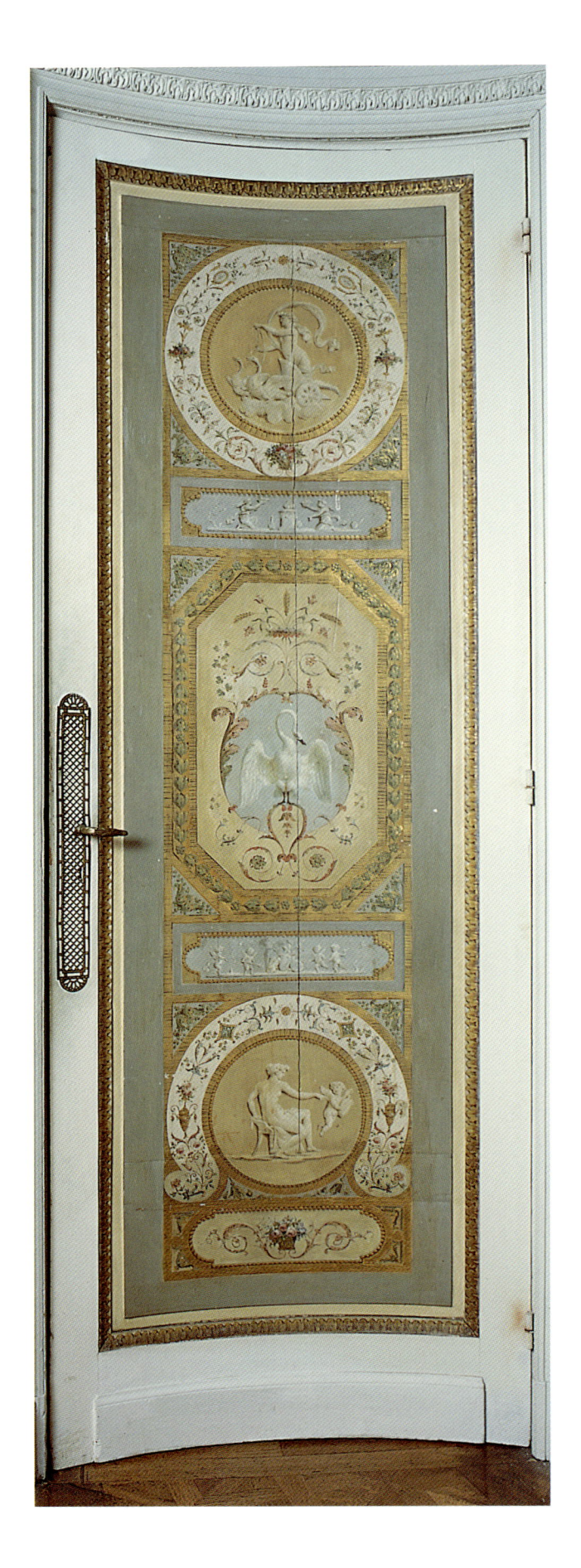

Ces panneaux sont de bons morceaux décoratifs, à l'élégance très française mêlant avec mesure guirlandes, couronnes et rameaux de feuillage. Il est probable que Madame Ephrussi les jugea parfaitement représentatifs d'un moment d'équilibre très gracieux et convenable dans l'évolution de notre décoration. La porte de Lavallée-Poussin témoigne d'un intérêt plus appuyé pour l'Antiquité avec son décor uniquement peint en grotesques de grisaille et son médaillon néo-romain. La vigoureuse composition du vantail, à motif circulaire central, rappelle cependant le style Louis XIV : la naissance du style Louis XVI fut d'abord un mouvement de retour nostalgique vers la grandeur et les formes pures du XVIIe siècle.

Dans un des petits salons de l'étage sont judicieusement remontés quatre fins et riches panneaux qu'on peut dater entre 1785 et 1792. Ce sont des parcloses pleines d'animaux, de fleurs et d'épis, de camées noirs antiques. Ce décor très minutieusement peint, visible de près, est typique d'un art décoratif encore profondément français où les motifs gréco-romains figurent comme nouveauté à l'égal des écrevisses et des épis de blé, témoins d'une culture à la fois bucolique et historique de l'élite. Il existe des parcloses très proches de celles-ci, par leur richesse figurative et leur liberté, dans la salle à manger du château breton de Kerlevenan, décorée vers 1785. On en trouvait également des comparables, un peu plus tardives (1792) et de composition plus géométrique, à l'hôtel Hosten, d'où elles pourraient provenir, via le marchand Lévy, à qui Madame Ephrussi acheta justement plusieurs panneaux datant du Directoire.

R. Destailleur nous apprend que les portes courbes de la Chambre de Madame sont de cette époque et qu'elle les a également achetées chez Lévy. Le dessin est très délicat, de même que la polychromie qui combine avec raffinement la grisaille et les peintures au naturel. Ce spécimen d'une période très brève est d'une grande qualité par l'originalité des motifs, une rare absence de sécheresse des formes, une judicieuse combinaison de l'ensemble. Seul le médaillon inférieur présente une innovation un peu moins heureuse avec sa large frise en forme de ventouse destinée à asseoir l'ensemble de l'élévation et à proposer une alternative au très classique médaillon circulaire supérieur. Ici encore la taille modeste de la pièce, l'éclairage varié à dominante de face, la situation en alcôve témoignent d'un souci d'adaptation évident de ces panneaux anciens dans une création d'espace moderne. Madame Ephrussi, avec des exigences d'œil plutôt que d'esprit, a bien mis en valeur les panneaux, parfois isolés, qu'elle voulait présenter. Quand ceux-ci étaient de grande qualité, ils étaient parfois accompagnés d'une boiserie volontairement discrète. Cette idée d'un remontage de beaux fragments remontait au milieu du XIXe siècle, lorsque ces panneaux avaient acquis, à l'égal des sculptures ou des tableaux de chevalet, le statut d'œuvre d'art intrinsèque.

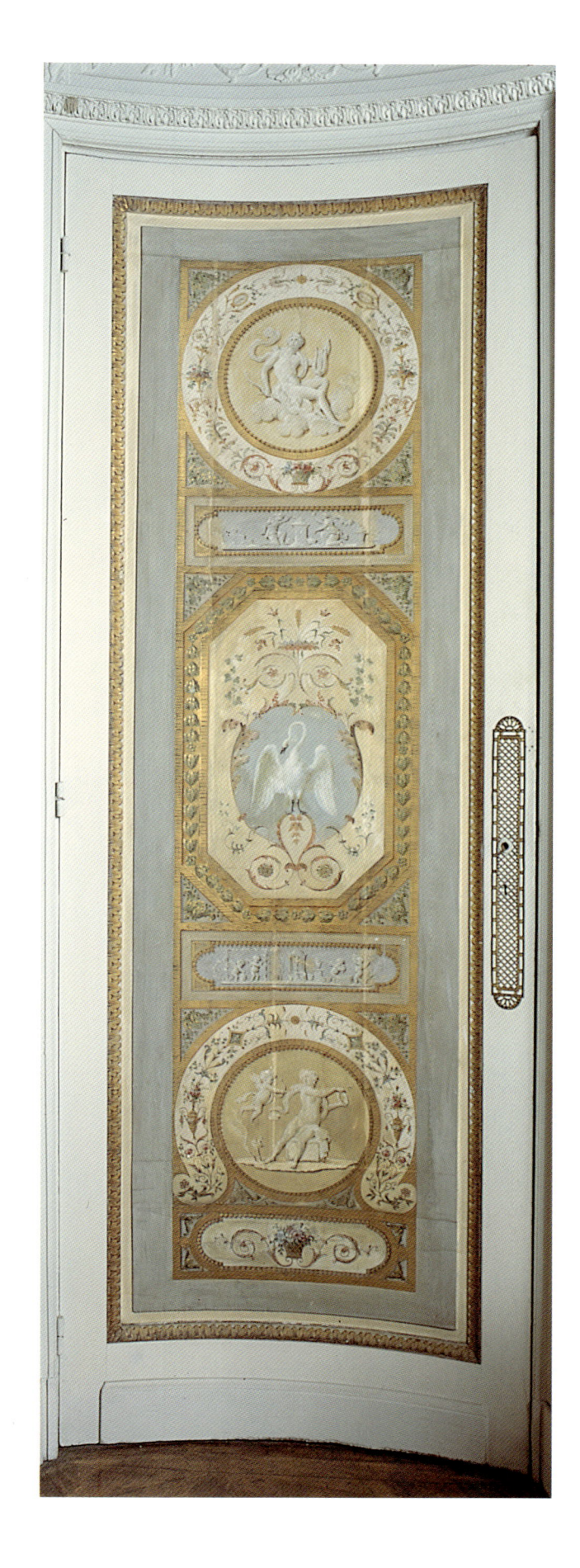

Page de gauche et ci-contre, Chambre de Madame, portes courbes d'époque Directoire.

Double page précédente, Salon au premier étage : boiseries attribuées à Rousseau de la Rottière.

L'architecture et le décor intérieur. **111**

Madame Ephrussi a aussi rassemblé quatre modestes dessus-de-porte peints d'enroulements, de rinceaux, d'urnes et de sphynx dont la facture un peu maigre et antiquisante semble dater des années 1790-1795. Présentés à l'étage dans une chambre de taille moyenne, ils complètent avec une habile discrétion le seul panneau sculpté ancien de la collection : il s'agit d'un important trumeau de cheminée. Le bois sculpté en demi-relief présente un style « à l'antique » formulé avec une certaine opulence. Le travail pourrait être italien (par exemple napolitain) et dater aussi des dernières décennies du XVIIIe siècle. Les perles bien marquées, les puissants motifs en candélabre, rendus avec une aisance dégagée, servent de cadre à des personnages sculptés en relief, se détachant du panneau et formant bras de lumière. Ces jeunes hommes presque nus sont très proches de ceux, sculptés seulement en bas relief, de la célèbre Salle à manger verte de Tsarskoïe-Selo due à Cameron. On trouve ici une élégante illustration de la circulation des idées et de la cohérence du goût dans l'Europe éclairée et néo-classique des années 1770-1790.

La Chambre Directoire du premier étage présente un dernier ensemble de panneaux peints sur toile, enchassés dans la boiserie. Destailleur les date et signale qu'ils appartenaient en 1906 à l'antiquaire Seligmann ; comme on peut le voir sur une photographie de l'époque, ce dernier les avait « complétés » avec de larges frises rouges néo-étrusques vraiment peu convaincantes, que Madame Ephrussi eut la sagesse de supprimer. Dans ces panneaux Directoire, la tradition française tend désormais à s'effacer au profit d'une facture néo-antique de plus en plus documentée grâce à l'approfondissement des recherches archéologiques : dans la société nouvelle et révolutionnaire, qui prétend reprendre à son compte la Vertu romaine, notre vieille permanence classique est remplacée par un style international, qu'on retrouve dans les panneaux contemporains suédois, italiens ou anglais. Sécheresse des ornements, raideur des articulations, contraste plus violent entre les arabesques et les panneaux à l'antique s'éloignent de la douceur, de cette bonne grâce française qui avait su jusqu'à la Révolution absorber et apprivoiser les apports décoratifs du culte de l'Anti-

Chambre au premier étage, trumeau sculpté néoclassique.

Page de gauche, Chambre au premier étage, dessus-de-porte d'époque Directoire.

L'architecture et le décor intérieur. **113**

114. L'architecture et le décor intérieur

Page de gauche, Chambre Directoire au premier étage : panneau de toile peinte d'époque Directoire.

Chambre Directoire au premier étage : panneaux de toiles peintes d'époque Directoire.

quité. Cependant la grande qualité d'exécution reste dans la lignée des œuvres de l'Ancien Régime, encore tout proche.

Peut-être faut-il y voir un indice et une métaphore artistique de l'évolution du corps social en France à cette époque. Cela expliquerait que Madame Ephrussi, amateur nostalgique de notre grand passé royal, ait délibérément limité ses collections à des objets antérieurs à la Révolution, comme le firent de nombreux collectionneurs qui étaient ses contemporains et parfois ses amis (les Camondo, Castellane, Doucet, Fels). Vers 1910, seule la fictive duchesse de Guermantes fait figure de « révolutionnaire » en prophétisant dans les salons immuables du Faubourg Saint-Germain le retour en faveur du style Empire, dont elle propose de descendre les spécimens de ses greniers pour les remettre dans ses appartements de réception. Il y a là une rupture de ton, un pas, que les « dix-huitièmistes » fervents refuseront toujours de franchir.

Michel Steve

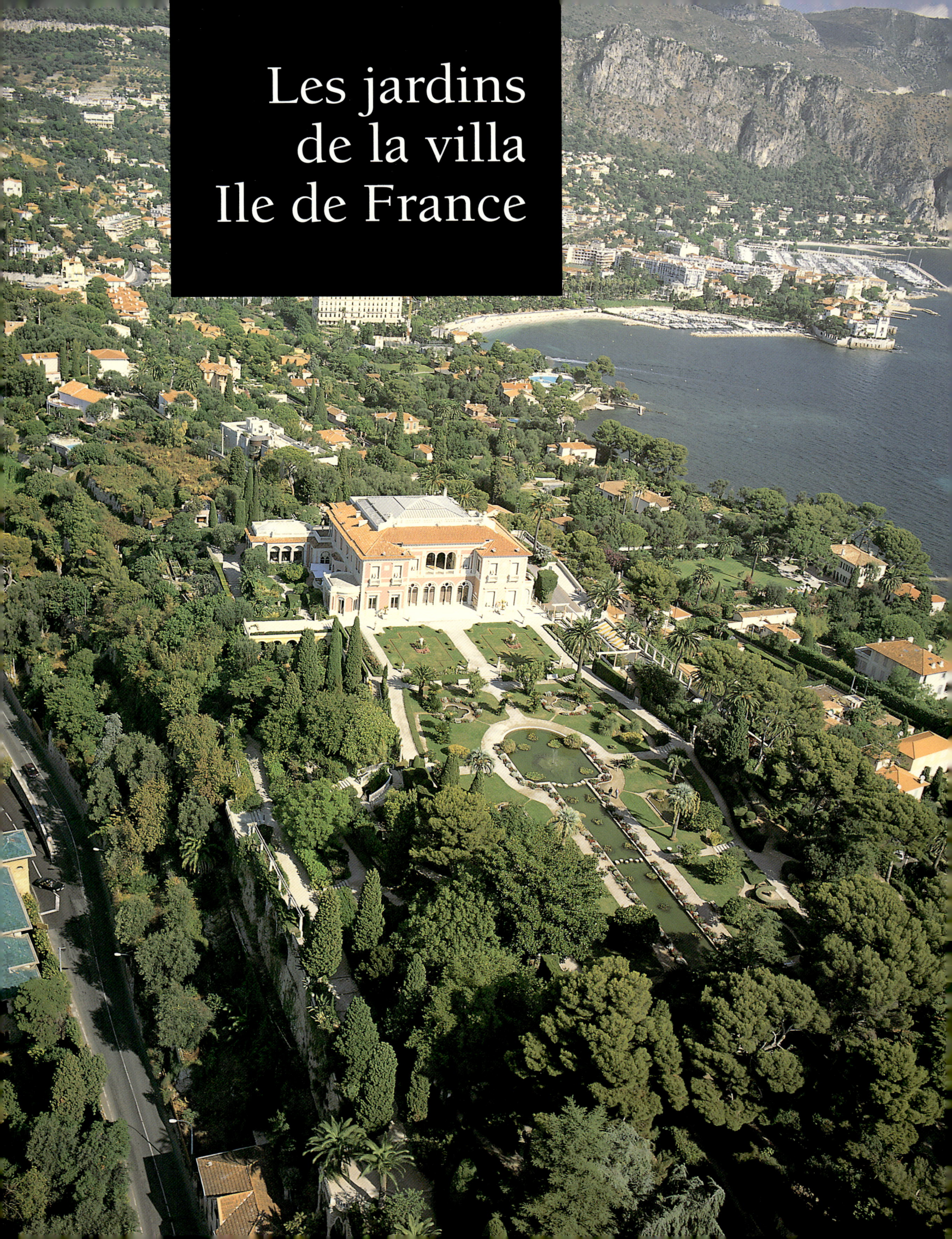

Les jardins de la villa Ile de France

Le jardin de Béatrice Ephrussi, de 1912 à 1915

Derrière la glycine taillée en arbuste, un beau sujet de *Cycas revoluta* au tronc couvert de repousses suscitées par le froid de 1985.

Page de gauche, vue aérienne de la villa Ephrussi de Rothschild.

Les jardins actuels ne correspondent qu'en partie au rêve de Béatrice Ephrussi. D'ailleurs, elle-même changea plusieurs fois de projets, hésita beaucoup avant de marquer de ses intentions le promontoire de cette partie du Cap-Ferrat. Le devenir de ces jardins au cours du XXe siècle, fertile en changements, avec des moments de gloire et des moments de déclin, semble marqué par le tempérament de sa créatrice. L'originalité et la force du lieu sont telles qu'elles appelèrent et inspirèrent des jardiniers de talent pour créer des jardins à l'intérieur du jardin primitif et les si bien insérer que l'on croyait, jusqu'à une date récente, qu'ils étaient originels.

Le site choisi pour la Villa, grandiose par son double point de vue, était le moins propice à la création d'un jardin. Même au prix des terrassements, colossaux pour l'époque, réalisés en 1911 pour araser la crête devant l'habitation, le site demeure un des plus exposés aux vents de la Côte d'Azur, subissant principalement des rafales du mistral canalisé par la brèche du Mont Boron et la passe de Passable. Cela se mariait bien avec le phantasme de Béatrice Ephrussi qui voyait sa propriété du Cap-Ferrat comme un bateau voguant plein sud avec, comme proue, la colline laissée face à la villa. La similitude de ce thème avec les formes du domaine permettait de l'enrichir. Plus surréaliste que le comte Charles Borromée à Isola Bella, sur le lac Majeur, Béatrice Ephrussi avait fait placer sur les côtés des terrasses, derrière les colonnes formées par des cyprès d'Italie transplantés adultes, des glaces de Saint-Gobain épaisses de plusieurs centimètres, protégeant ainsi le pont principal de ce qu'elle se plaisait à appeler « mon

Les jardins de la villa Ile de France.

Ile de France » du mistral et des vents froids d'est. Elle pouvait de la sorte assister à un double lever ou coucher du soleil par le jeu des reflets. Ces protections permettaient aussi de maintenir pendant la nuit la tiédeur de l'air au-dessus de la première terrasse dont le revêtement de marbre était chauffé par le sous-sol. Pour compléter l'illusion, cinq ou six jardiniers italiens, belges et russes, chargés de ne toucher à rien, habillés en marins, devaient simplement déambuler bien en vue lorsque Madame descendait, dans l'après-midi, se promener et parler aux oiseaux dont les volières étaient intégrées sous les tonnelles.

La création du jardin suivit de quelques années les grands aménagements réalisés par le roi des Belges Léopold II autour de la villa Les Cèdres, située presque en face et bien visible depuis la villa Ile de France, vers le sud-ouest. À cette époque, la plupart des belles demeures de la Côte d'Azur se paraient de terrasses à l'italienne. Sur le Cap-Ferrat, il n'y avait encore que celles des Cèdres qui marquassent le paysage dominé par le maquis, la pinède et les oliviers. Il fallait rompre avec cet aspect austère et sauvage et créer des jeux de lumière et de couleurs. C'est ainsi que des centaines d'ouvriers venus d'Italie écrêtèrent une partie du promontoire et l'élargirent en remblayant les côtés maintenus par de hauts murs. Le plateau ainsi créé demeurait encore trop étroit pour prolonger de façon harmonieuse la terrasse entourant la villa ; elle fut élargie en soutenant son côté ouest par un encorbellement de plus de 10 m de haut.

Pour constituer ce domaine, il avait fallu acheter de nombreuses parcelles et détourner, avec l'accord de la municipalité, le chemin des Moulins qui le partageait en deux ; il s'agissait d'un chemin muletier tracé par les

Mme Ephrussi a multiplié les éléments d'architecture permettant de structurer le paysage de mer et de montagne.

Page de droite, vue sur la baie de Villefranche du haut de la grande terrasse.

Romains pour se rendre à une tour à feu construite sur la colline de Saint-Hospice. Au début du XXe siècle, subsistaient quelques moulins à huile desservis par ce sentier. La totalité des parcelles réunies par Béatrice Ephrussi atteignit sept hectares mais elle en négligea une grande partie plantée d'oliviers séculaires (vendue plus tard par l'Institut), au nord de la Villa.

Comme pour la construction de celle-ci, Béatrice Ephrussi fit faire plusieurs projets qu'elle interpréta et modifia de nombreuses fois avant de prendre sa décision. On retrouva ainsi, dans ses sous-sols, un plan de jardin à l'italienne dessiné par l'architecte anglais Richard Walace, qui semble avoir servi de base aux grands terrassements. Harold Peto, qui dessina de nombreux grands jardins sur la Côte dont celui des Cèdres, avait conçu un projet de cloître italien qui ne fut pas réalisé. Son collègue Messiah, homme de confiance de Léopold II, fut le concepteur de la rocaille au pied de l'escalier d'eau. Achille Duchêne, qui avait déjà travaillé pour Monsieur Ephrussi à Paris et à Monte-Carlo, réalisa des plans et de nombreux dessins alternatifs en perspective pour les deux plateaux et le temple de l'Amour. Le plus fastueux prévoyait une pièce d'eau occupant presque tout le second plateau, ornée de deux îles régulières couvertes de parterres à la française. Dans une autre version, l'escalier d'eau était alimenté par des jets d'eau alignés de chaque côté ; ses marches, basses et arquées, pouvaient être gravies jusqu'au sommet.

Les jardins de la villa Ile de France.

Madame Ephrussi se réserva toute liberté d'adaptation et choisit les dessins les plus sobres. Elle traça le plan définitif à même le sol d'après les emplacements des éléments principaux figurés par des décors manœuvrés par une armée d'employés : immenses bandes de tissu argenté pour l'eau de la cascade et des pièces d'eau, vert pour les plates-bandes, gris pour les allées, tandis que d'étroites pyramides en carton vert, figurant les cyprès, portées chacune de l'intérieur par un homme, allaient et venaient, plus par ici ou davantage par là, au gré des ordres de Madame. C'est ainsi qu'elle appréciait toutes les perspectives possibles sur le fond du paysage qu'aucun plan n'aurait pu lui évoquer. Cette démarche sensible a été décisive dans la réussite de cette œuvre grandiose qui garde encore, nonobstant de nombreuses modifications ultérieures, la marque d'une personnalité originale.

Béatrice Ephrussi réalisa sa vision sans aménager la totalité de l'espace disponible. Seules les parties visibles de la Villa et ses abords furent minutieusement composées avant la Grande Guerre. En 1914, Madame commença à se retirer avec ses oiseaux dans ses villas de Monaco puis, en 1919, réduisit ses frais d'entretien. Ainsi le canal et les bassins, alimentés par l'eau captée spécialement sur les hauteurs de Beaulieu, furent comblés et les plates-bandes, abandonnées.

À quoi ressemblait ce jardin en 1914 ? On peut imaginer la Villa au sommet de son promontoire aux pentes couvertes de vieux oliviers. Le chemin d'accès traversait cette étendue argentée qui masquait d'en bas le jardin. Arrivé dans la cour d'honneur, des haies de cyprès taillés ou conduits en arceaux invitaient déjà à contourner la villa par l'ouest et à entrer dans le Jardin de Monsieur, sorte de salon de plein air, prolongeant la demeure par des éléments architecturaux. Cette terrasse, grande comme la cour intérieure de la villa et accessible aussi directement des salons, formait une continuité très affirmée avec ceux-ci avant de passer dans le jardin proprement dit, séparé par des grilles et des escaliers.

Le prolongement du Jardin de Monsieur vers le sud surplombait un abri pour des ibis blancs disposant aussi d'un bassin. Des filets tendus entre le mur de soutien du premier plateau et les pergolas permettaient à ces oiseaux exceptionnels de jouir d'une certaine liberté de mouvements.

Le premier plateau, très formel lui aussi, était, hiver comme été, un lieu abrité propre à la contemplation de l'ensemble du parc qui était alors un jardin typiquement à l'italienne, sans recherche d'exotisme. Seuls les glycines, pittosporums et cotonéasters, venus de Chine et du Japon et présents depuis longtemps dans les jardins du Midi, apportaient au printemps leurs fleurs parfumées, relayées par les milliers de plantes annuelles disposées dans les parterres. Tout autour, des jeux de colonnes de pierres ou de cyprès, reliées par des haies élégamment taillées et des pergolas, encadraient le paysage le plus somptueux de la Côte, avec Beaulieu et Monaco vers l'est, la Corse vers le sud-est (visible par temps clair en janvier) et la rade de Villefranche jusqu'aux rivages des Maures à l'ouest.

Face à la villa, au sommet de l'éperon rocheux laissé dans son état naturel avec ses pins d'Alep centenaires, le temple de l'Amour, rappelant celui de Trianon ou de la villa Borghese, marque du sceau de l'élégance de façon impérissable ces lieux exceptionnels.

Les terrasses aménagées tout autour en contrebas sont comme des coursives autour du navire. Certaines d'entre elles, à l'ouest, ne sont même que des passerelles au-dessus du vide, reliant des balcons dominant une des plus belles baies du monde. Les plus basses, invisibles de la villa, permettaient aux jardiniers de préparer leurs plantes annuelles pour les parterres et les vasques.

Le jardin, avec sa dominante architecturale, était donc conçu par Madame Ephrussi comme un prolongement de la villa. Était-ce un cadre à des plantations plus variées ? On l'attendrait de la part d'une demoiselle de Rothschild dont la famille s'est illustrée dans la création de prestigieuses collections de plantes. Ce que l'on sait, d'après des témoignages, c'est qu'elle multipliait les effets visuels de ce décor. Même de nuit, quand elle rentrait du casino de Monaco vers une ou deux heures, comme elle en avait coutume, mûe par sa passion du jeu qui, paradoxalement, devait priver le jardin d'autres aménagements, elle s'offrait une autre vision de ses arbres et pièces d'eau grâce à des lampes savamment disposées dans les pins, les oliviers et tout autour du grand bassin jusqu'au temple de l'Amour.

L'abandon de ce lieu enchanteur pendant dix-huit ans allait faire oublier cet accord théâtral entre la villa et son parc dont le contenu manquait singulièrement de diversité végétale.

Niché au pied de remarquables pins d'Alep plus que centenaires, vestiges de l'ancienne forêt qui couvrait le Cap Ferrat au XIXe siècle, le temple de l'Amour semble à la source de l'eau qui fait vivre le jardin.

Les jardins de la villa Ile de France. **121**

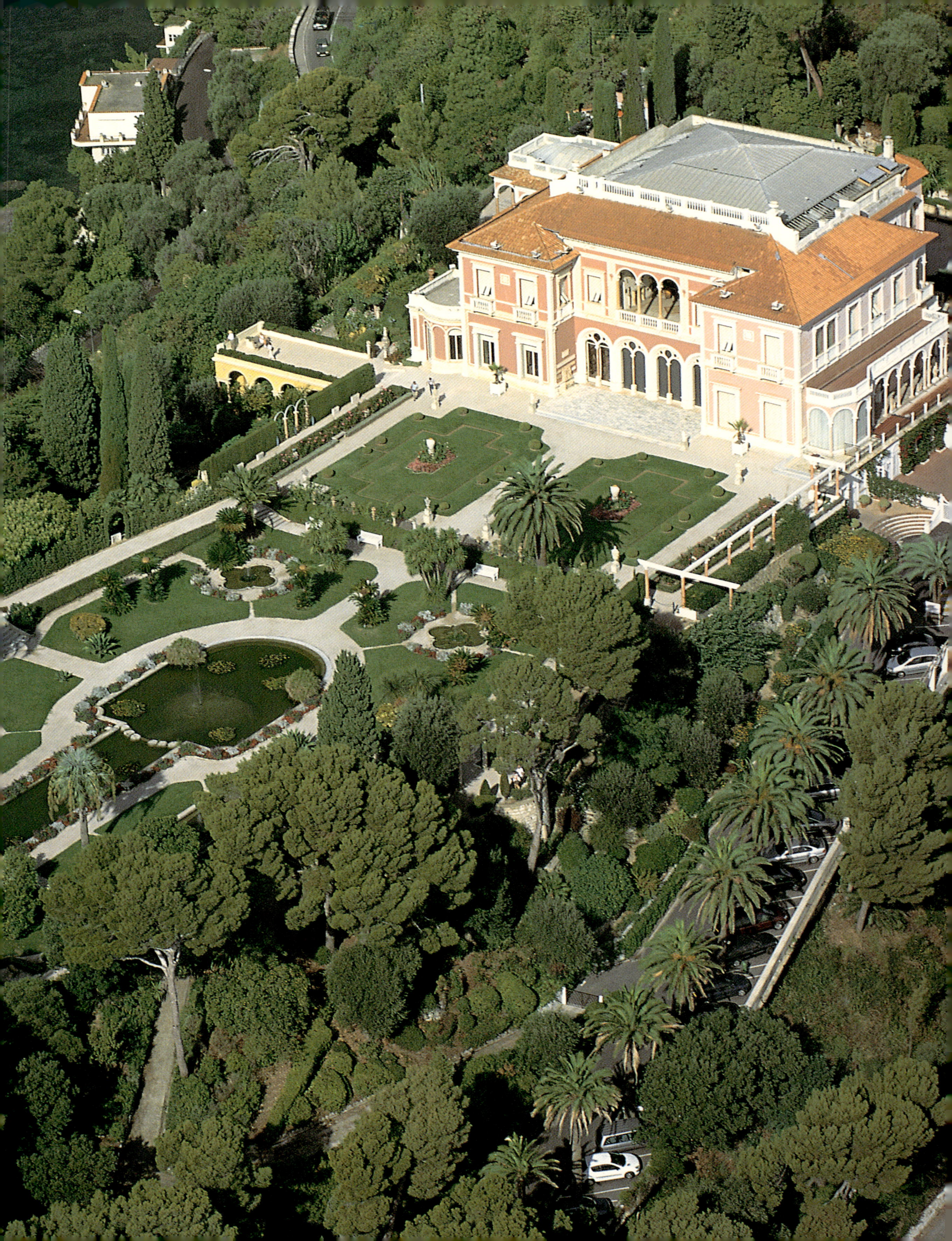

La première renaissance du jardin, de 1934 à 1943

Page de gauche, vue aérienne de la villa Ephrussi de Rothschild.

Le premier conservateur de la villa Ile de France, Albert Tournaire, membre de l'Institut, fit appel en 1934 à Louis Marchand (1902-2000) pour restaurer le jardin et aménager le reste du domaine. Rapidement reconnu comme l'homme de la situation, Louis Marchand devint chef-jardinier et resta à la Villa jusqu'à la fin de sa carrière. La richesse de sa personnalité et l'importance de son œuvre justifient un rappel de certains éléments de sa vie.

Louis Marchand, originaire de Touraine, travailla près de sa maison natale pour Lucien Daudet. Ce fils d'Alphonse Daudet était ami intime de la famille Vilmorin et filleul de l'Impératrice Eugénie qu'il allait souvent rencontrer en Angleterre et à la villa Cyrnos, à Cap-d'Ail. Le premier jardin de Louis Marchand lui valut déjà un grand succès auprès des amis de son commanditaire : le jeune Francis Poulenc, Jean Cocteau, Lucien Gauthier-Vignal et Anatole France l'appelèrent le Jardin de l'Innocence.

Sur la recommandation de Lucien Daudet, dont il était devenu le chef-jardinier, Louis Marchand réalisa un projet de jardin au château Fielding à Fabron pour le comte de Miléan. Peu après, celui-ci lui confia la restauration des jardins de la villa Vigier, qu'il venait d'acheter, au pied du Mont Boron. Le comte de Miléan voulait en faire un musée et souhaitait remettre en valeur sa collection d'arbres rares, d'origine subtropicale, abandonnée pendant la guerre. Il y avait là, notamment, des bambous géants et de nombreux palmiers que seul pouvait identifier, à cette époque, un amateur renommé, le docteur Axel Robertson-Proschowski. À son contact, Louis Marchand apprit vite la classification des végétaux, la façon de les identifier, de les étiqueter et comment accéder à la documentation utile à leur connaissance ; en un mot, il devint jardinier-botaniste.

Il dessina aussi les jardins du comte Gautier-Vignal à Beaulieu. Son incorporation à Tours fin 1920 interrompit son expérience niçoise pour quatorze ans. Par la suite, il fut chargé notamment de restaurer fidèlement et d'entretenir les jardins du château de Paradis, ancienne propriété du duc de Choiseul, près d'Amboise. Il réalisa des jardins de toutes sortes, à la française, à l'anglaise et à la japonaise, chez les uns et les autres.

Apprenant le décès de madame Ephrussi, Lucien Daudet, qui tenait Louis Marchand en grandes estime et amitié, lui suggéra de restaurer le jardin de la villa Ile de France. Il en parla à Charles Widor, secrétaire perpétuel de l'Institut, qui transmit cette recommandation à Albert Tournaire.

Le soir, après son travail de jardinier, Louis Marchand peignait. Formé par un professeur de peinture, Charles Liéron, qui lui avait demandé de transformer son parc, Louis Marchand se forgea au fil des ans une personnalité artistique reconnue et encouragée par le grand collectionneur A. Schloss et bien d'autres. Il produisit abondamment jusqu'à la fin de ses jours ; il rencontra Utrillo et Matisse avec lequel il forma un Comité pour la défense et la diffusion de l'Art Moderne. En souvenir de son premier emploi, au lieu-dit Les Raux, en Touraine, il prit le nom d'artiste de Marchand des Raux.

À la villa Ile de France, la tâche de ce peintre-jardinier-botaniste était immense : le jardin était couvert de ronces et, du point de vue de Marchand, à peine ébauché. Avec une dizaine de jardiniers et manœuvres, il fut chargé de refaire librement le jardin en une année, temps prévu pour réaliser le musée dans la villa. L'ouverture de celle-ci, remise d'année en année jusqu'en septembre 1937, lui donna deux ans supplémentaires. Il mit à profit ce délai inespéré pour créer un jardin botanique, en liaison avec la station d'étude et d'expérimentation de la villa Thuret, à Antibes, et en correspondance avec de nombreux jardins botaniques étrangers.

Pour commencer, il avait dû concevoir un nouveau dessin du premier plateau, dégager et restaurer les bassins, remplacer la terre emportée par les vents, sur le second plateau, et transformer ces deux espaces en jardins à la française, ne gardant que quelques éléments du Jardin à l'italienne créé par Béatrice Ephrussi. Il réalisa sur le premier plateau deux motifs décoratifs symétriques avec un encadrement façon boulingrin couvert d'*Ophiopogon* pour créer un effet visuel du haut de la loggia. Il rehaussa le sol de chaque côté du second plateau avec la terre déblayée du canal et du grand bassin, puis il planta, symétriquement à l'axe principal de ceux-ci, des palmiers, cycas, yuccas, cordylines, nolines et autres plantes spectaculaires d'aspect très exotique dont restent quelques exemplaires.

Son inspiration et sa puissance de travail le portèrent à des innovations encore plus hardies. Autorisé par le conservateur à toutes les initiatives propres à augmenter la beauté, l'intérêt et la renommée du domaine, il créa délibérément une série de jardins de styles variés sur tout le parcours dans le sens de la promenade des visiteurs. Il les agrémenta de nombreux éléments d'architecture et de statuaire récupérés parmi ceux qui n'avaient pas leur place dans le musée.

C'est ainsi que Marchand créa le Jardin espagnol à la place de la volière aux ibis en réaménageant leur bassin et en créant une grotte sous la terrasse-balcon avec une profusion d'orchidées et de broméliacées. Le long du bassin, des papyrus d'Égypte accentuèrent le dépaysement. L'allusion aux jardins de Grenade était à peine esquissée tant l'accent était mis sur les plantes exotiques mais avec, pourtant, des grenadiers bien méditerranéens.

Après l'Apollon de marbre blanc, niché entre les rampes de l'escalier en fer à cheval, qu'il fit se refléter dans un miroir d'eau, Marchand disposa l'enclos du Jardin lapidaire avec les fragments de sculpture, dont

Vues du Jardin lapidaire, à l'ombre du camphrier de Chine et du canellier de Californie.

Lanterne en granit du Jardin japonais.

Page de droite, la partie supérieure du Jardin japonais, avec *Nandina domestica* en sous-bois.

beaucoup servirent de moulage pour l'ornementation de la villa, des alignements de colonnes et un groupe de statues représentant une troupe de musiciens ambulants. Il planta cet enclos de camphriers et de grandes araliacées destinés à le protéger par leurs denses frondaisons.

Le Jardin japonais qui suit n'allait pas de soi. Il y avait déjà, certes, une sorte d'ébauche avec quelques éléments de style japonais, et il y avait eu un projet très différent de Madame Ephrussi, qui aurait compris un pavillon et une partie réservée à des animaux, mais tout restait à faire. Marchand avait déjà réalisé un jardin de ce style chez le docteur Perrier à Maisons-Laffitte et continuait de s'intéresser au sujet. Par coïncidence, un autre peintre résidant à la toute proche villa La Dominante, un Italien nommé Zanon qui lui avait appris quelques techniques du métier, avait longtemps séjourné en Chine et au Japon ; il avait réuni une bibliothèque importante avec de la documentation sur les jardins de ces pays. Enrichi de ces informations, Marchand reprit des rochers accumulés dans une partie du domaine et remodela entièrement cette partie de terrasse pour donner l'illusion d'un paysage de montagne avec ses éléments propres à la contemplation, combinant l'eau et les diverses formes de reliefs inspirés de sites célèbres par les grands peintres de l'Extrême-Orient. Il fit passer un filet d'eau à travers un tuyau de bambou pour le déverser en cascatelle dans un bassin entouré de fougères. L'eau se faufilait ensuite parmi des roseaux blancs.

Ce jardin était encadré de deux *torii* ; au travers de celui de l'entrée, en bois peint en rouge, on apercevait des lanternes de pierre et des temples en céramique. Des plantes chinoises et japonaises, aimant l'ombre et la fraîcheur, sans parler d'une terre acide qu'il fallut apporter, complétèrent cette prouesse en pays méditerranéen. Rhododendrons, azalées, aralias (*Fatsia japonica*), érables nains et colorés, iris et bambous furent mêlés aux plantes taillées à la mode japonaise pour compléter l'illusion d'un changement d'échelle. Chaque détail de ce que Marchand appelait son Jardin de la Sagesse et de l'Innocence (peut-être une réminiscence de son premier jardin) était un appel au rêve et à la méditation.

Passé le second *torii*, on entrait sans plus de transition dans la partie la mieux exposée du domaine où Marchand disposa en une magnifique rocaille toutes les pierres qu'il put retirer des déblais de l'ancien arasement de la crête. Il y créa un paysage mexicain qu'il appela parfois son Jardin exotique au sens du jardin de Monaco qui venait de s'ouvrir au public (en 1933). En y plantant toutes sortes de cactées et autres plantes succulentes, comme des euphorbes arborescentes et des ficoïdes, spectaculaires par leurs formes et leurs floraisons, il se prit de passion pour ce type de végétaux. À partir de semis qu'il faisait lui-même, et à force de soins attentifs, il obtint des croissances assez rapides pour qu'en quelques années se réalisât son rêve de passer sous les cierges et les grandes oponces sans courber la tête. Il échangea de nombreuses espèces avec son voisin de la villa Les Cèdres, Julien Marnier-Lapostolle, qui allait bientôt réunir la plus importante collection botanique privée du monde.

Sur la pente de l'extrémité sud du domaine, Marchand installa ce qu'il appelait une « dégringolade de rosiers » jusqu'au pied du petit temple hexagonal qui abritait à cette époque une statue d'Apollon. La promenade continuait, sur le versant oriental, sous un bois de pins et d'oliviers, permettant de découvrir la vue sur la baie des fourmis et la pointe Saint-Hospice, pour revenir vers la villa par le Jardin à la française (le second plateau), le Jardin régulier de la grande terrasse (le premier plateau) et le Jardin de Monsieur, planté d'orangers, avant le retour à la cour d'honneur.

Parallèlement à son côté collectionneur, Marchand cherchait à entraîner le visiteur dans un tour du monde, aussi bien au travers de jardins bien individualisés, comme un verger tropical avec des papayers, tomates en arbre *(Cyphomandra crassicaulis),* goyaviers et même des litchis, que de simples « attractions végétales », comme une forêt de bambous géants de plusieurs espèces bien distinctes par leurs couleurs, ou toute autre scène spectaculaire là où le jardin s'y prêtait. Il était fier des multiples merveilles qu'il réussissait à faire pousser, comme des dragonniers des îles Canaries *(Dracaena Draco)* ou des *Pandanus*. C'était au prix d'efforts immenses, car le lieu n'était à l'origine qu'un rocher aride, qui, battu par tous les vents, tend toujours à le redevenir. Il fallait créer les conditions propices à l'épanouissement de toutes les plantes introduites, et donc leur donner une terre appropriée, de l'eau, et inventer les associations favorables à leur abri mutuel. Marchand planta des rideaux de protection avec les arbustes les plus résistants en les disposant en trompe l'œil pour faire paraître le domaine, avec toute sa végétation, plus grand qu'en réalité. Vu du plateau, le jardin devait sembler s'étendre du bord de la mer jusqu'à la montagne.

Le jardin nécessitait encore beaucoup de travail d'infrastructures : il fallait construire des escaliers rustiques, installer des fontaines, refaire les bordures des bassins pour leur donner plus de caractère, créer des sentiers dans la Forêt, etc. Pourtant, quand il s'agissait d'installer de nouvelles collections de plantes, le domaine n'était pas assez grand pour Marchand qui aurait continué d'y faire surgir de nouveaux jardins si la guerre n'avait apporté de bien plus grandes contraintes.

Le musée, fermé dès le début des hostilités, ne recevait plus d'argent de l'Institut séparé par la Ligne de démarcation. Les employés partirent à l'exception de trois ménages logés sur place, dont celui de Marchand. Avec les restrictions et la famine vint le temps de labourer le Jardin à la française et toutes les terrasses où cela était possible pour y cultiver des légumes. Pour apporter des revenus, les cactées servirent de pieds mères à quantité de boutures et semis car cette famille de plantes était devenue à la mode et leur demande était de plus en plus forte. Marchand se trouva donc à la tête d'une véritable exploitation agricole capable de salarier les trois employés restés à la Villa.

En mars 1943, le Cap-Ferrat fut vidé de tous ses habitants et miné. Les Marchand se réfugièrent à Langeais, abandonnant tout sur place.

Page de droite, Jardin mexicain, improprement appelé exotique, composé de plantes succulentes.

Les jardins de la villa Ile de France.

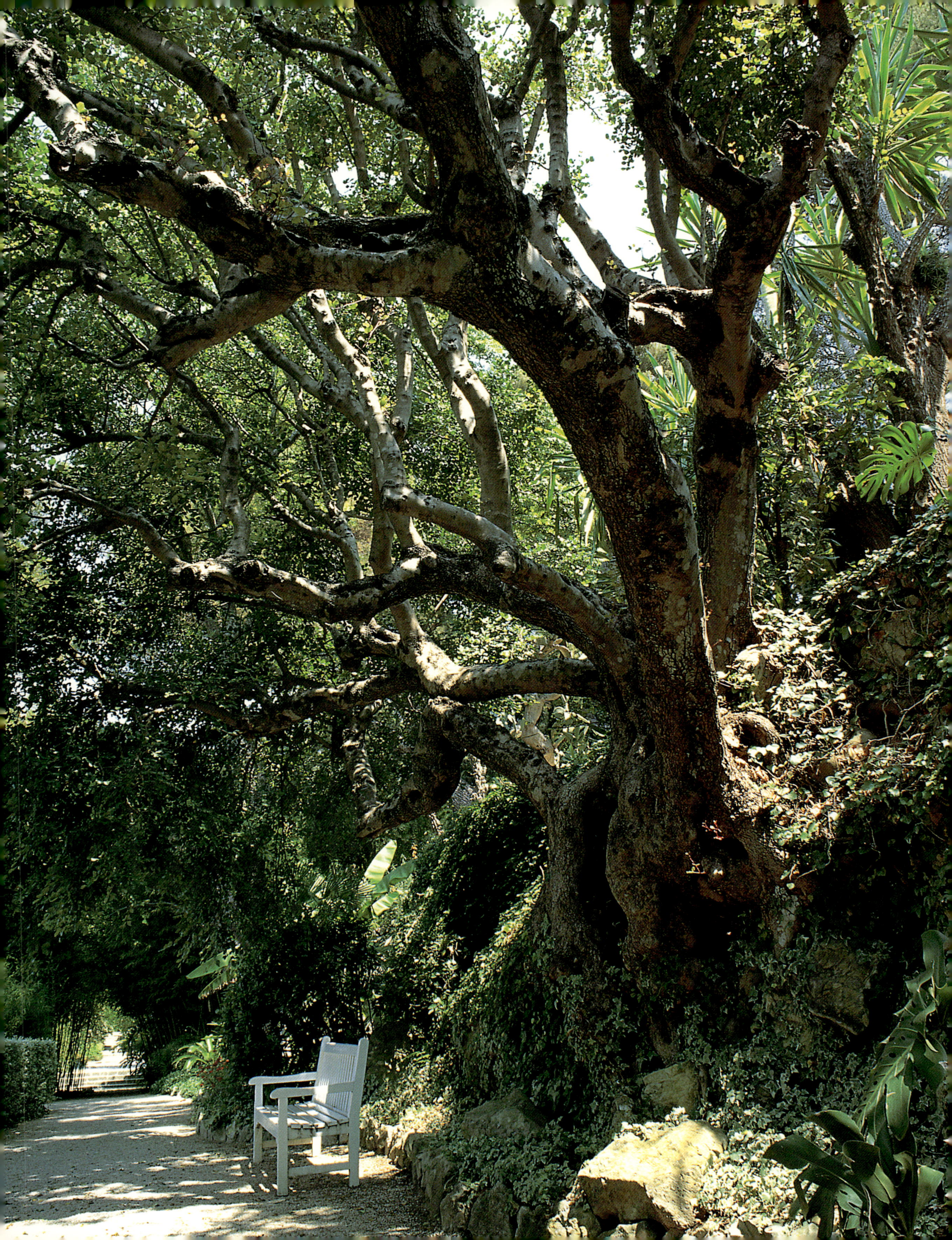

La deuxième renaissance des jardins, de 1945 à 1985

Pour abriter les terrasses de l'ouest des ardeurs du soleil et du mistral, les jardiniers ont développé des prouesses de savoir-faire.

À la Libération, les six millions de francs-or placés en fonds d'état pour le musée ne rapportaient plus. La villa était sinistrée et fermée. Grâce à Louis Marchand revenu et devenu premier adjoint du maire et président de la Commission de réparation et des dommages de guerre, la Villa reçut le maximum des sommes qui pouvaient lui être accordées pour les réparations d'urgence, mais il n'y avait plus de revenus. Travaillant à mi-temps, Marchand dut renoncer à faire un beau jardin botanique qui aurait été un des premiers à se spécialiser dans les plantes menacées de disparition. Les graines du monde entier qu'il avait reçues étaient devenues des plantes superbes. Il avait même repris contact avec le Dr Robertson-Proschowski qui, sentant venir la fin de sa vie, l'avait laissé prendre dans sa propriété, devenue pire qu'une jungle, toutes les plantes qui l'intéressaient afin de leur donner la place qu'elles méritaient à la villa Ile de France.

Toutefois, le manque de personnel se faisait de plus en plus sentir dans le domaine et les visiteurs se plaignaient du manque d'entretien. Le conservateur trouva alors une importante source de revenus en autorisant le tournage de plusieurs films par an dans les jardins avec de nombreux acteurs et metteurs en scène célèbres. *J'avais sept filles*, notamment, premier film dans lequel joua Maurice Chevalier, y fut tourné en partie. Dans une scène, les sept filles du héros montent dans un banyan d'Australie (*Ficus macrophylla*), situé en bordure du Jardin à la française, pour chercher un lépidoptère rarissime.

Attiré par la rumeur faite autour de ces films, le public visitait beaucoup plus les jardins que le musée. Pour y remédier, Marchand conseilla au Maître Jouves de demander l'aide du Commissaire général du tourisme de Monaco, Gabriel Ollivier, qui, effectivement, apporta au musée la prospérité. Dès que celui-ci fut nommé conservateur, les jardins trouvèrent une nouvelle jeunesse : des jardiniers nouvellement embauchés refirent les gazons, couvrirent de fleurs les massifs, réparèrent les fontaines et cascades dont l'eau était tarie depuis longtemps, et Marchand put reprendre ses introductions de plantes rares.

Pendant cette période fastueuse, tout était organisé pour la renommée du musée. Lors de nombreuses réceptions nocturnes où étaient conviées des personnalités prestigieuses venues du monde entier, les jardins étaient éclairés *a giorno* depuis les jets d'eau qui semblaient ruisseler de lumière, les élégants *Cleome Hassleriana* dans les massifs, jusqu'au temple de l'Amour dont le marbre blanc semblait surgir de la nuit. Après le repas, Marchand avait coutume de conduire les invités autour du grand bassin et d'y cueillir des fleurs de lotus pour les offrir aux dames et parachever ainsi l'impression d'enchantement donnée par les lieux.

Le froid exceptionnel de janvier 1985 interrompit brusquement ce rêve. Plus exposé au vent froid que les autres jardins du Cap, le domaine Ephrussi perdit beaucoup de grands et beaux arbres, d'innombrables arbustes rares et la presque totalité du Jardin mexicain.

Les jardins de la villa Ile de France. **131**

Le site devint méconnaissable. La structure même du parc, avec ses différents niveaux de plantes imbriquées et se protégeant mutuellement contre le soleil et le vent desséchants, était éclatée. Les bambous géants tropicaux (*Dendrocalamus asper*) et la plupart des arbres fruitiers tropicaux avaient gelé. Sur le plateau, les élégants arecastrums (*Syagrus Romanzoffianus*) qui encadraient la perspective sur le temple de l'Amour étaient détruits, et leur voisin, le grand *Ficus macrophylla* immortalisé par le film avec Maurice Chevalier, dont une branche maîtresse enjambait majestueusement le chemin en s'appuyant sur ses racines aériennes transformées en troncs secondaires, était réduit à la base de son tronc principal. Les jardins étaient à refaire.

Le temple de l'Amour.

Page de droite, vue de la loggia sur le Jardin régulier et sur la pointe Saint-Hospice.

Les jardins de la villa Ile de France.

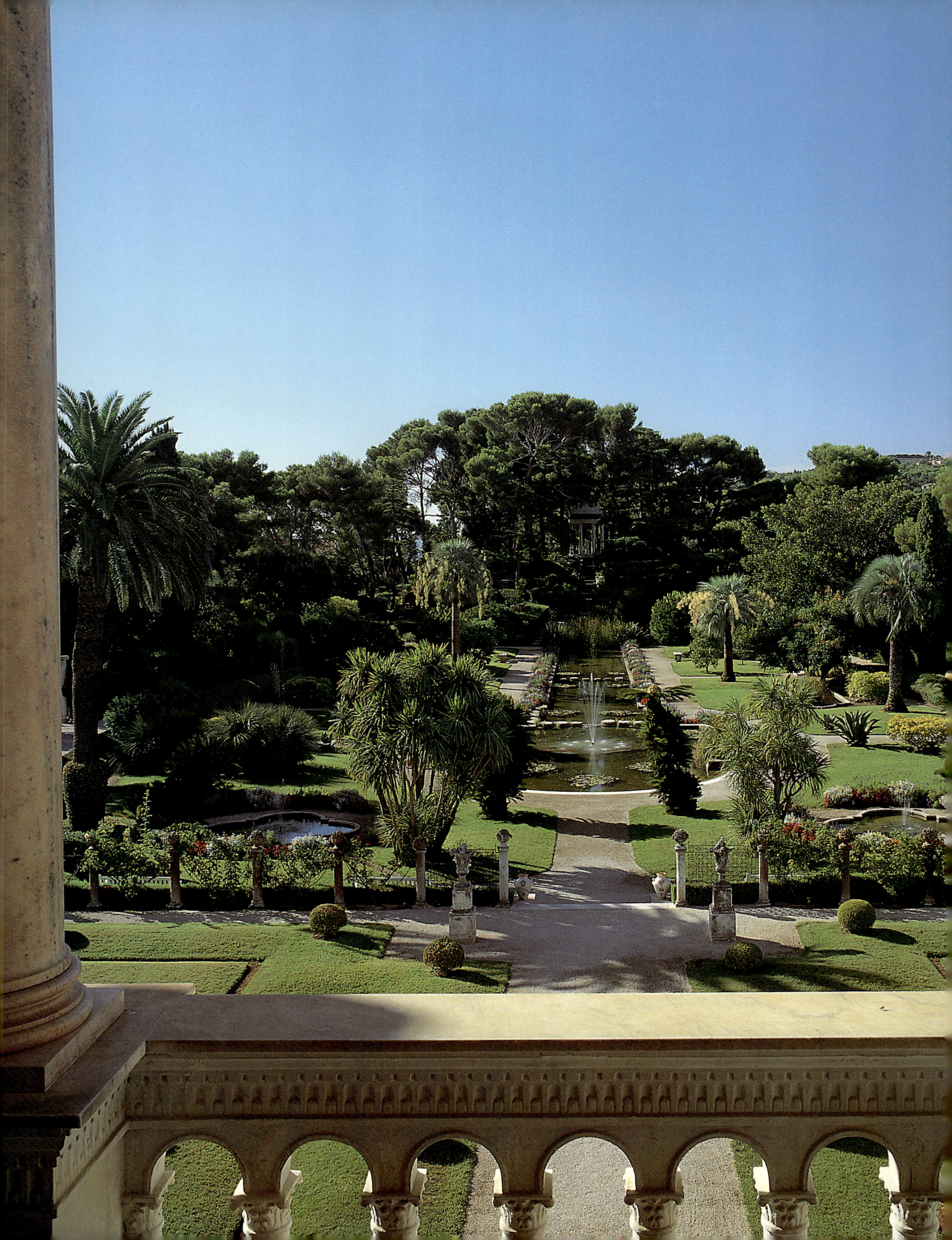

La troisième renaissance, de 1987 à nos jours

Page de gauche, le Jardin régulier à partir de la loggia.

Cette fois, le domaine ne devait pas rester fermé longtemps. Deux ans après le drame, on savait quelles plantes pouvaient être sauvées à partir de leurs repousses et l'on pouvait entreprendre une nouvelle restauration. Marchand s'étant déjà retiré depuis quelques années, la nouvelle équipe de jardiniers replanta en suivant l'idée directrice d'une succession de jardins dont toutes les publications de vulgarisation attribuaient la paternité à Madame Ephrussi. Le mythe, ainsi établi à la faveur du silence modeste de Marchand sur son travail, créait ses propres obligations et, au prix de quelques simplifications, huit jardins réapparurent tandis que les basses terrasses de l'ouest étaient abandonnées. Si, en conséquence, le verger tropical disparut et si la forêt de bambous géants, amputée, devint inaccessible, en revanche, le bois de pins et d'oliviers commença à se transformer plus précisément en un Jardin provençal et la Roseraie prit plus de structure et d'ampleur. La plus spectaculaire renaissance concerna le Jardin mexicain grâce à des dons ; la partie la plus importante des plantes succulentes que l'on peut y voir aujourd'hui est redevable à la générosité de Madame Marnier-Lapostolle en souvenir de l'amitié qui a toujours lié son mari, Julien Marnier-Lapostolle, et Louis Marchand.

Aujourd'hui, les jardins Ephrussi forment un des rares exemples de pérennisation d'un grand parc témoin des splendeurs du début du XXe siècle sur la Côte d'Azur, alors que des centaines d'autres, qui rivalisaient en beauté et en gloire, ont disparu. En se transformant avec le temps, ils témoignent à la fois des extravagances d'une esthète collectionneuse d'objets d'art et de la vision d'un peintre-jardinier devenu collectionneur de plantes rares par contamination de la passion inspirée par ce lieu.

Rares sont les anciens grands parcs (de plus d'un hectare) qui présentent aujourd'hui, sur la portion française de la zone de l'oranger, un triple intérêt botanique, historique et artistique. On en cite seulement quatre autres qui ont, chacun à leur façon, marqué profondément leur génération : le jardin de la Serre de la Madone à Menton, créé par Laurence Johnston, également propriétaire de Hidcote Manor en Angleterre ; la villa Roquebrune créée en 1902 par Norah Warre ; Les Cèdres, de renommée mondiale, à Saint-Jean-Cap-Ferrat ; et le jardin le plus ancien, créé en 1857 par Gustave Thuret et qui porte son nom, à Antibes. Dans chacun de ces cinq jardins, des plantes jusqu'alors inconnues en France furent introduites, comme le *Jasminum polyanthum,* au parfum puissant, que Laurence Johnston rapporta du Yunnan et qui orne aujourd'hui de nombreuses pergolas. Les jardins de la villa Ile de France témoignent encore de la passion pour les plantes commune à tant de jardiniers de la Côte d'Azur, en présentant quelques sujets arrivés à maturité qui ont surmonté l'épreuve du froid.

136. Les jardins de la villa Ile de France

Le canal qui n'est pas sans évoquer les jardins de l'Alhambra donne à ce Nymphée le nom de Jardin espagnol.
Papyrus, *Datura* en arbre *(Brugmansia)*, *Agapanthus*, *Strelitzia reginae* et grenadier *(Punica Granatum)* y prospèrent.

Les jardins de la villa Ile de France.

Dans le nymphée, *Strelitzia Nicolai*.

Page de droite, dans le Nymphée, papyrus et *Monstera deliciosa*.

Aujourd'hui, la visite des jardins Ephrussi offre de nombreuses curiosités et les connaisseurs viennent les apprécier tout au long de l'année. Une des plus élégantes, par ses fins rameaux retombant en cascade, est l'*Ephedra altissima*. Cette liane nord-africaine, aux minuscules feuilles réduites à des écailles, s'est discrètement implantée dans quelques localités de la Côte d'Azur. Ici, elle marque, sur le premier belvédère, le passage vers les jardins.

Le Jardin dit espagnol, dont la structure et la composition architecturale, avec ses fontaines adossées, rappellent davantage un nymphée de la Renaissance italienne, abrite une autre liane spectaculaire, *Tetrastigma Voinierianum*, vigne à grandes feuilles persistantes originaire du Laos. Le canal central reflète de beaux daturas arborescents (*Brugmansia*) et des *Strelitzia reginae* dominés par des grenadiers (*Punica Granatum*). Près de l'eau, les feuilles amples des *Monstera* et *Zantedeschia* répondent à la grâce des papyrus. De l'autre côté du canal, face à la grotte, une *Rosa Banksiae* se prépare à couvrir la vaste pergola indispensable pour le maintien de la fraîcheur en ces lieux recueillis.

138. Les jardins de la villa Ile de France

Les jardins de la villa Ile de France. **139**

En haut : dans le Nymphée,
à droite, *Brugmansia* et grenadier *(Punica Granatum)*.

En bas : *Phyllostachys violascens*.

Page de droite, dans le Jardin florentin,
Telanthophora grandiflora.

140. Les jardins de la villa Ile de France

Si, au contraire, on se tourne vers l'extérieur et la baie de Villefranche, le regard caresse les sommets d'un bosquet de bambous géants, *Phyllostachys violascens,* et d'un bel arbre fruitier tropical, *Casimira edulis,* haut de 10 m, qui donne la sapote blanche des Mexicains.

Plus au sud, un ensemble d'escaliers, de petites terrasses et de bordures plantées ouvre vers le couchant le grand plateau dont il prolongeait le style et amplifiait la perspective. Dernier vestige du vaste Jardin à l'italienne créé par Madame Ephrussi, ce petit jardin bordé d'agapanthes restitue bien, à lui seul, l'ambiance d'un jardin florentin. L'apport de grands mimosas épineux, à feuilles caduques mais à fleurs puissamment parfumées (*Acacia Karoo,* d'Afrique du Sud, et *Acacia Farnesiana,* d'Amérique du Sud), s'accorde avec la simplicité apollinienne des lieux, renforcée par la présence des lauriers taillés en ogive.

Dans le Jardin florentin, *Jacaranda mimosifolia*, une des rares Bignoniacées tropicales capable de vivre sur la Côte d'Azur.

En haut à droite, dans le Jardin florentin, *Acacia Karoo* avec, au premier plan, *Roldana Petasitis*.

En bas à droite, dans le Jardin florentin, *Acacia Karoo*.

Page de droite, bien abrité sur la face ouest des terrasses, ce *Ficus macrophylla,* un des rares rescapés tropicaux du grand froid de 1985, dispense une ombre précieuse.

142. Les jardins de la villa Ile de France

Les jardins de la villa Ile de France. **143**

Dans le Jardin florentin, allée de lavandes avec, dans le fond, association de couleurs entre les *Agapanthus* et le *Jacaranda mimosifolia*. On aperçoit aussi le sommet d'un *Acacia Karoo* (en fleurs jaunes) et d'un *Oreopanax*.

Page de droite, à gauche, dans le Jardin lapidaire, *Oreopanax Epremesnilianus* abrite *Rhododendron* et autres plantes de sous-bois.

L'accès au Jardin lapidaire, qui fait suite, contre un haut mur de soutènement, enclos, nécessite de faire un petit détour sous l'ombre dense d'arbres aromatiques, un camphrier de Chine et un canellier de Californie (*Umbellularia californica*) abritant trois *Oreopanax Epremesnilianus*. Cette dernière espèce, originaire d'Amérique latine, n'a pas été retrouvée dans la nature depuis son introduction sur la Côte d'Azur où elle fut décrite par Édouard André. On remarque sur le mur un figuier grimpant à petites feuilles persistantes et gros fruits bleutés, *Ficus pumila,* originaire d'Extrême-Orient, qui se comporte comme du lierre. Il atténue la mélancolie que pourraient susciter les fragments de sculptures exposés là, simples chapiteaux ou imposantes arcatures disposées autour de plantes de sol acide telles les *Camellia japonica, Pieris japonica* et rhododendrons qui annoncent déjà, par leur origine, le jardin suivant.

Dans le Jardin lapidaire, le canellier de Californie *(Umbellularia californica)*.

Page de droite, à l'extrémité du Jardin lapidaire, beau *Cycas revoluta*.
En fond, un des nains en pierre qui font penser aux personnages
de la villa Palagonia, en Sicile.

Les jardins de la villa Ile de France.

Pièces sculptées et éléments architecturaux du Jardin lapidaire, dans la lumière filtrée par le grand camphrier.

148. Les jardins de la villa Ile de France

Les jardins de la villa Ile de France.

Le climat de la Côte d'Azur se prête mal au maintien d'un jardin japonais verdoyant. Pour y parer, celui de la villa Champfleuri, à Cannes, par exemple, est astucieusement planté dans une excavation entourée de grands arbres. Ici, des écrans de bambous et d'arbustes protègent ce jardin de l'ouest et des effets conjugués du soleil et du mistral. Un *Ficus macrophylla*, rescapé du froid de 1985, reconstitue sa couronne salvatrice. Les plantes japonaises abondent, comme les *Fatsia japonica*, *Nandina domestica*, *Pseudosasa japonica* ou *Acer japonicum*, mêlées à des espèces d'autres origines qui s'intègrent bien à l'ambiance de fraîcheur comme la fougère arborescente *Dicksonia antartica*, de Tasmanie, ou *Zamia furfuracea*, du Mexique et des Antilles. Le réseau de petits sentiers moussus et d'escaliers pittoresques permet d'apprécier le changement d'échelle de ce jardin où les *Pittosporum Tobira*, taillés un peu comme des bonsaïs, rappellent de glorieux modèles. Un remarquable *Cedrus atlantica* f. *glauca* 'Pendula' évoque, au sommet, les formes des montagnes japonaises.

Page de droite, un sujet exceptionnel, par sa forme pittoresque, de *Cedrus atlantica* f. *glauca* 'Pendula' dominant le Jardin japonais.

Entrée du Jardin japonais.

Les jardins de la villa Ile de France. **151**

Allée du Jardin japonais.

Pagode miniature du Jardin japonais
en céramique bicolore.

Enfant au dauphin surmontant la fontaine
qui termine l'allée florentine,
en contrebas du Jardin japonais.

152. Les jardins de la villa Ile de France

Les jardins de la villa Ile de France.

154. Les jardins de la villa Ile de France

Page de gauche, dans l'ambiance humide et ombragée du Jardin japonais,
de nombreuses fougères prospèrent et même une espèce
arborescente de Tasmanie, *Dicksonia antartica*.

Cascatelle du Jardin japonais.

Les sentiers du Jardin mexicain bordés de *Yucca elephantipes*, de figuiers de Barbarie, *Aloe* et *Aeonium* divers.

D'étroits passages très ombragés conduisent au saisissant contraste offert par le Jardin mexicain, inondé de soleil, aux fleurs éclatantes et aux formes colonnaires ou rayonnantes des *Cereus, Agave* et *Aloe.* Sur le côté, un *Brachychiton discolor* témoigne, du haut de ses 12 m, du bon emplacement choisi pour cette bombacacée tropicale. De même, plus bas, les vigoureux rejets de *Yucca elephantipes,* d'Amérique centrale, évoquent, comme les nouvelles branches du grand *Araucaria Bidwilli,* d'Australie, qui domine la scène, les risques encourus par ces plantes exceptionnelles. Parmi les *Opuntia* imposants et les *Euphorbia* s'étendent d'innombrables *Kalanchoë, Aeonium, Kleinia* et *Fascicularia* aux floraisons toujours surprenantes en hiver et au printemps.

158. Les jardins de la villa Ile de France

Vues de la Roseraie et de son petit temple aux colonnes corinthiennes.

En été et en automne, les floraisons de la Roseraie prennent le relais. On y retrouve des éléments de jardin italien avec une niche sculptée en marbre blanc et un petit temple à six colonnes abritant une statue de jeune fille en terre cuite qui n'est pas d'origine à cette place.

Le retour vers la villa passe par le Jardin provençal, appellation récente et un peu forcée pour cette partie boisée de pins d'Alep débordant sur les vieux oliviers, et en cours de replantation avec d'autres plantes méditerranéennes.

La Forêt, ou « Jardin provençal ».

160. Les jardins de la villa Ile de France

Les jardins de la villa Ile de France.

Le jardin régulier du plateau central offre un mélange de différents styles, avec les lointains à l'anglaise vers le temple de l'Amour, les parterres et bassins à la française et une décoration à l'italienne. Cette composition a toujours été appréciée pour son harmonie et sa cohérence avec le site, aussi admirable que difficile.

Page de droite, *Brahea armata* est un des palmiers à la floraison la plus spectaculaire avec ses milliers de petites fleurs en été.

Coupes longitudinale et transversale des jardins, réalisées par Marc Saltet (1988).

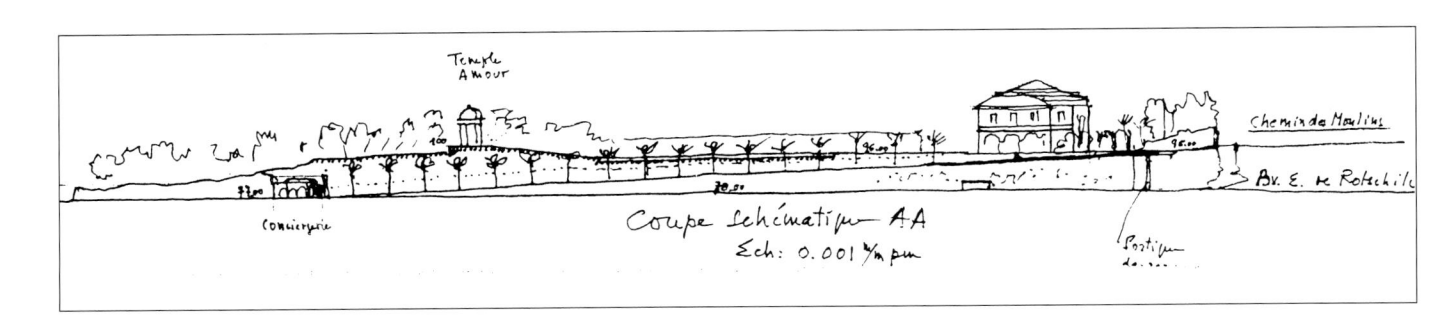

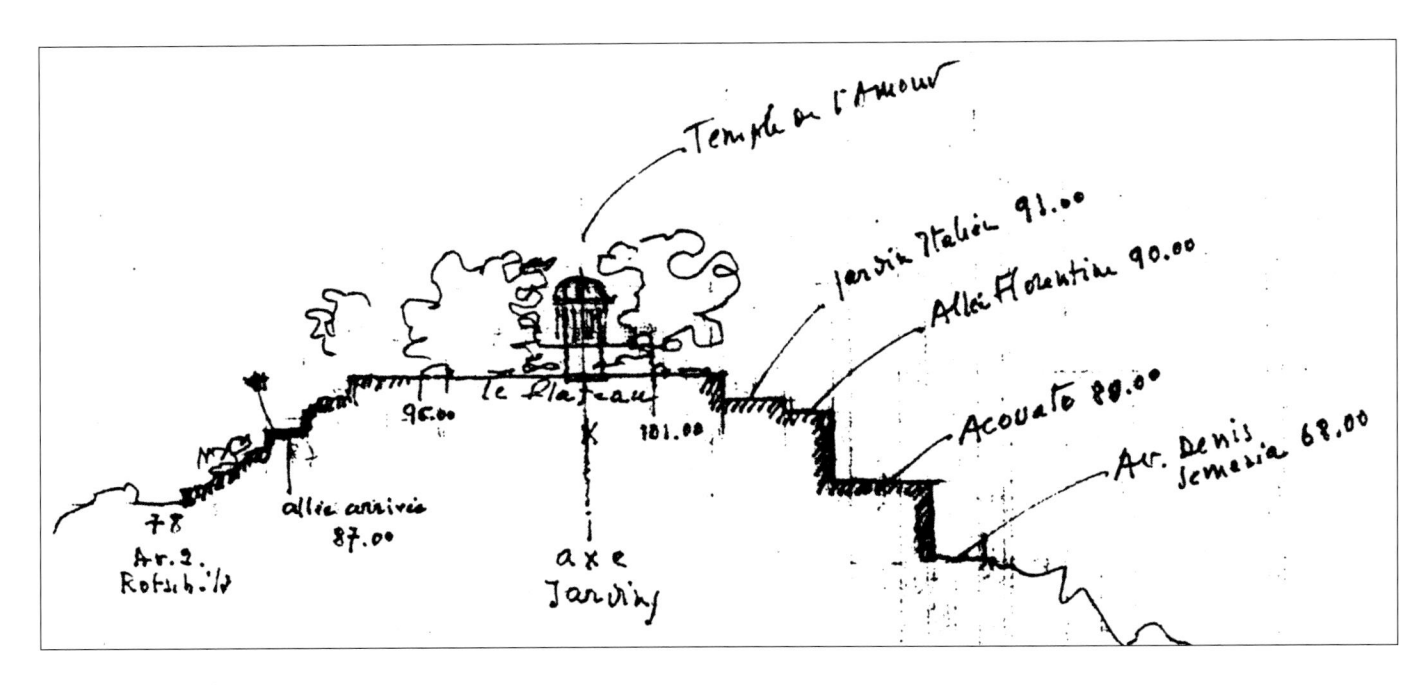

Les jardins de la villa Ile de France. **163**

Vue plongeante sur le Jardin de Monsieur et la baie de Villefranche.

L'équilibre entre les palmiers encadrant le canal central avait été rompu par le froid de 1985. La plantation de deux sujets d'âge semblable en 2001 restaura la perspective. Le *Butia capitata* et les *Brahea armata* présents, en contrepoint des groupes de *Cycas revoluta* et *Cordyline australis* de belle venue, accentuent majestueusement l'originalité des lieux. Les robustes *Phoenix canariensis* feraient perdre à la perspective son élégance s'ils étaient davantage présents.

Le passage dans le Jardin de Monsieur, avec ses carrés d'agrumes et son atmosphère intime, ramène notre regard à une plus grande proximité et à l'observation des détails de la décoration extérieure de la villa ainsi que des plantes qui l'entourent. Ce peuvent être, en février par exemple, les longues grappes dorées de *Buddleja madagascariensis* ou, dans la cour d'honneur, la floraison raffinée d'un *Acacia* hybride de *Howittii*, appelé 'Clair de Lune'. En toute saison, l'originalité de son port et l'élégance de son feuillage rappellent l'harmonie entretenue entre les jardins et la villa.

Jean-Pierre Demoly

Acacia 'Clair de Lune' contre le portique de la cour d'honneur.

Les collections de Madame Ephrussi

Présentation

par Alain Renner

Les maisons construites avec réflexion, ornées avec amour, gardent toujours un peu de cette vie que leur a donnée leur premier propriétaire. Elles règlent même les pensées de ceux qui lui succèdent, rendent la vie impossible à ceux qui ne les méritent pas et attirent les caractères proches de celui ou celle qui les a bâties. La Villa Ephrussi de Rothschild à Saint-Jean-Cap-Ferrat justifie exactement cette théorie. N'a-t-elle pas été construite par Béatrice Ephrussi de Rothschild pour être, avant sa mort, léguée avec d'admirables collections à l'Académie des Beaux-Arts de l'Institut de France. Lorsque l'on pénètre dans la maison, la première surprise d'une demeure qui en réserve beaucoup, et toutes délicieuses, réside dans l'enchantement de cet immense hall où l'on se pense être dans un patio couvert du sud de l'Espagne. Sobre, il n'est orné que de primitifs et de rares meubles Haute Époque. Béatrice Ephrussi appartenait à ce milieu de riches amateurs que constituait la famille Rothschild, tous passionnés d'architecture et d'objets d'art, en particulier du XVIIIe siècle français.

Malheureusement pour le chercheur, les archives des collections ont disparu et il est souvent difficile de remonter à la source des achats des différentes pièces. Nous savons cependant que Madame Ephrussi a acquis quelques-uns de ces dessins et tableaux dans les ventes Jacques Doucet, en 1912, Madame Lelong et Léon-Michel Lévy, en 1925, et Émile Strauss en 1929. On constate également qu'elle n'achetait pas directement, mais qu'elle passait par l'intermédiaire de courtiers ou de marchands. Il est certain qu'elle était en contact étroit avec les nombreux animateurs du marché parisien et même international, et en particulier les grands antiquaires du moment comme Wildenstein, Kraemer, Seligman ou Stettiner.

Depuis le milieu du XIXe siècle, le marché de l'art était devenu florissant, une grande quantité d'objets et d'œuvres de qualité, souvent même de facture royale, alimentant le circuit commercial : l'élite financière rivalisait ainsi de ferveur par des achats ostentatoires. Ce microcosme fortuné de la fin du XIXe siècle et du début du XXe siècle est illustré par les Rothschild – la place des Rothschild est à cet égard particulier car cette famille a compté, à côté de collectionneurs tournés vers le XVIIIe siècle et relativement généralistes, comme a pu l'être Béatrice, de véritables spécialistes dont les collections à caractère scientifique, par la suite souvent généreusement données à des musées, ne rentrent pas dans le cadre de notre propos –, les Camondo, « les Rothschild de l'Est » – avec Isaac, l'un des fondateurs en 1897 de la Société des Amis du Louvre avec, entre autres, le baron Edmond de Rothschild, et Moïse, donateur à l'Union centrale des arts décoratifs de sa demeure de la rue Monceau et de ses collections d'art français du XVIIIe siècle –, les Cahen d'Anvers – acquéreurs du château de Champs-sur-Marne en 1895, ils dépensent des fortunes à le restaurer et le meubler dans l'esprit du siècle des Lumières –, mais aussi les Fould, les Pereire, et bien sûr les Ephrussi, « les rois du blé », tous plus ou moins liés entre eux par des alliances familiales, financières et par ce goût merveilleux pour la belle architecture, les objets d'art et l'agrément des ensembles de jardins. Après avoir évoqué cette clientèle huppée, comment ne pas mentionner la *Gazette des Beaux-Arts*, revue fondée en 1859, qui fut dirigée par Charles Ephrussi (1849-1905) – que Proust considérait comme « un éveilleur d'âmes » –, puis par Théodore Reinach avant d'être reprise en 1930 par Georges Wildenstein. La *Gazette* était véritablement l'un des pôles culturels autour duquel tournaient tous les grands amateurs, connaisseurs et experts.

Dans les dispositions de son legs, Madame Ephrussi offrit aussi le mobilier qu'elle possédait à Paris au 19, avenue Foch, ainsi que celui de ses deux maisons de Monte-Carlo, les villas Soleil et Rose de France, qu'elle avait transformées et meublées entre 1928 et 1930. Mais il est impossible, dans l'état actuel de nos recherches et à cause du manque cruel d'archives, de donner des précisions sur ce qui provient de ces différentes résidences et est venu compléter les collections de la villa Ile de France. Il faut remarquer que c'est en ne suivant pas forcément les courants et les modes qu'elle acquit la merveilleuse collection de porcelaines de Sèvres que l'on peut aujourd'hui admirer à la Villa. Elle marquait ainsi sa différence d'avec les collectionneurs français qui délaissaient quelque peu la manufacture, celle-ci étant plutôt l'apanage des collectionneurs anglais comme les Hertford ou les Rothschild de la branche d'outre-Manche. Par contre, en faisant don de sa demeure et des collections qu'elle abritait, elle s'inscrivait dans une tradition qui était celle des grandes familles dont nous avons parlé plus haut.

Dans le cadre d'une villa pensée comme un large écrin, Béatrice Ephrussi allait introduire le plus curieux échantillonnage de styles et de provenances. Tout en avouant une prédilection marquée pour le XVIIIe siècle, elle était en effet très éclectique dans ses goûts, c'est-à-dire qu'elle se souciait fort peu des origines et même parfois des époques pourvu que les œuvres lui paraissent belles, décoratives et susceptibles de donner lieu à des rapprochements ou des ensembles harmonieux.

Tous les meubles et objets réunis voisinent sans heurt. Et cela parce qu'ils ont entre eux trois sortes d'affinités : de qualité, de matière et de coloris. Étant ce que l'on appelait d'un terme générique « curieuse », c'est-à-dire collectionneuse non spécialisée, s'adonnant à des acquisitions essentiellement imprévues, Madame Ephrussi appliquait à leur présentation un principe important, celui de la mobilité. Mais n'est-ce pas ainsi qu'une installation demeure vivante ? Elle mettait en scène chaque espace de la maison, comme dans un ballet se succèdent les différentes figures. Mais quelle que soit la disposition adoptée, celle-ci restait soumise à un choix rigoureux. Fantaisie ne signifie pas négligence, ni multiplicité. Et la « curiosité » se garde de franchir les limites au-delà desquelles elle prend le nom de mauvais goût. Sa maison ne doit rien qu'à elle-même et l'affirme avec une paisible audace.

La Villa Ephrussi de Rothschild évoque irrésistiblement l'art de vivre sur la Côte d'Azur avant la guerre de 1914-1918. Elle constitue le cadre idéal d'une vie harmonieuse partagée entre l'amour des jardins, la passion des objets et la tranquillité hors de l'agitation parisienne. Nous sommes immédiatement plongés dans un monde de calme et de sérénité que nous connaissons dans la plupart des grandes maisons. Il est évident que l'atmosphère actuelle est complètement différente de celle qui devait animer la maison du vivant de sa propriétaire. Transformer une habitation privée en musée relève d'un défi complexe. En effet, on ne peut pas ordonner l'arrangement de la même manière pour quelques personnes y vivant que pour des milliers de visiteurs se promenant. Les problèmes de la présentation sont liés à ceux de la sécurité et de l'entretien.

Lorsque l'on pénètre dans le grand hall disposé comme un patio espagnol, l'on est frappé par cette atmosphère presque monacale qui est réchauffée par la polychromie des statues, des meubles peints et des peintures primitives. Tout cela compose un ensemble raffiné et d'une grande originalité. Le dépouillement des lignes, accusé par le contraste des ombres et des lumières, est la loi qui régente le décor de cette partie de la villa. Les oppositions de volumes, les juxtapositions imprévues donnent aux meubles, aux objets et aux tableaux un visage nouveau, souvent même une signification inattendue. Opulence et sobriété cohabitent dans le décor du grand hall.

Quelques meubles, tableaux et sculptures sont disposés de manière à donner un rythme aux volumes architectoniques, comme un grand meuble peint ayant pour thème décoratif les *Béatitudes,* ou ces tableaux italiens du XVIe siècle, une Vierge à l'Enfant sur panneau dont la douceur et l'infinie tendresse nous touchent immédiatement ou encore ce portrait d'homme dans la pause traditionnelle de son époque. Une superbe tapisserie flamande du XVIe siècle masque un espace mais anime l'ensemble par son décor de grands personnages qui semblent sortir d'un songe.

Dès que l'on pénètre dans les différentes pièces auxquelles on accède par le patio, on passe du grandiose à l'intimiste, du clair au foncé, de l'ombre à la lumière, du général au personnel. C'est au fil de cette promenade que l'on découvre les beautés des collections de Madame Ephrussi. Dans le Salon Louis XVI, auquel le plan en L confère un caractère particulier assez proche de l'idée que l'on se fait des galeries de châteaux royaux, on peut contempler un important mobilier de salon de Parmantier, menuisier à Lyon à la fin du XVIIIe siècle, composé de onze pièces, huit fauteuils et deux chaises à châssis et un canapé, recouverts d'une belle tapisserie du XIXe siècle ; il est disposé sur un rare tapis de la Savonnerie d'époque Louis XV provenant de la tribune de la chapelle royale de Versailles. En face de celle-ci, la légèreté d'une paire de consoles néoclassiques peintes contraste avec la richesse d'une très belle paire de candélabres aux griffons en bronze doré d'époque Louis XVI. Sur le même côté, une imposante commode italienne en bois peint de la fin du XVIIIe siècle nous rappelle les liens esthétiques étroits entre la France et le Nord de l'Italie, en particulier le Piémont. Le meuble le plus important de cette pièce est, sans hésitation, une très belle table à jeux réalisée par l'ébéniste René Dubois vers 1770-1775 ; elle est décorée de peintures en camaïeu de gris d'après le peintre Sauvage, lui-même s'inspirant des sculptures de Félix Delarue. Cette table exceptionnelle a été restaurée grâce à la générosité de l'antiquaire Jean Gismondi qui l'a sauvée, dans ses ateliers, d'une dégradation qui devenait de plus en plus problématique.

L'on change d'atmosphère en pénétrant dans un petit salon agrémenté de deux petites alcôves merveilleusement ornées de deux tapisseries des Gobelins de la tenture de Don Quichotte d'après des cartons du peintre Nicolas Coypel, vers 1745. Représentant *Don Quichotte et la tête enchantée* et *Don Quichotte chez les filles de l'hôtellerie,* d'une fraîcheur de coloris exceptionnelle, elles nous font pénétrer dans le monde enchanteur de Cervantès. Meublant ce Salon Louis XV, une belle série de cinq fauteuils de Jean-Baptiste Boulard (d'une suite de douze) est gracieusement couverte de tapisseries de la manufacture de Beauvais d'après Jean-Baptiste Oudry, à décor d'animaux, parmi lesquels un splendide perroquet au plumage rouge et bleu. D'autres sièges de style Louis XV, d'un modèle très puissant, sont également garnis de tapisseries de Beauvais d'après des cartons de François Boucher. Le centre du salon est occupé par une grande table console en bois sculpté d'époque Louis XV dont la partie arrière, à l'origine non sculptée, a été décorée en trompe-l'œil sur le modèle de la façade pour être utilisée comme table de centre de pièce, donc visible sur toutes ses faces. Près d'elle est disposée une très intéressante petite table ovale de l'ébéniste Mathieu-Guillaume Cramer au plateau orné d'une très grande plaque de Compigné, tabletier du Roi, figurant une vue du Palais-Royal.

Pour passer dans les appartements de Madame Ephrussi, nous traversons un passage dans lequel nous sommes accueillis par un groupe en terre cuite représentant une femme aux roses ; il est actuellement présenté devant une classique tapisserie aux aristoloches. Le Boudoir est une charmante petite pièce où le spectateur est frappé par un très curieux et intéressant guéridon octogonal dont le plateau est orné de plumes d'oiseaux et d'ailes d'insectes pris dans la cire ; il rappelle le cabinet « aux papillons » de la pièce des bijoux dans l'appartement de Louis XVI à Versailles, réalisé par Benneman, Weisweiler et Thomire vers 1788. Ce rare meuble voisine avec un petit secrétaire à abattant en acajou de l'époque Louis XVI, similaire à un modèle de Riesener dont on connaît d'autres exemplaires. La chambre est aujourd'hui installée comme si la propriétaire allait revenir incessamment, avec le lit tiré, la couverture mise, les objets quotidiens et les livres sur les tables, le verre à eau prêt à être rempli. Dans l'alcôve, on peut admirer une commode à ressaut de Nicolas Petit, d'époque Transition, à riche décor en marqueterie de perroquets, bouquets de fleurs et filets à la grecque ; une belle paire de cache-pot de la manufacture de Sèvres est disposée dans cette pièce parmi quelques objets. Contiguë à la chambre, la garde-robe est garnie de vitrines éclairées qui permettent aux spécialistes et amateurs d'étoffes et de mode d'admirer une collection de costumes et accessoires vestimentaires du XVIIIe siècle.

Pour clore l'ensemble des pièces ouvrant sur le grand hall, les responsables de la présentation des collections ont regroupé dans deux salons la merveilleuse collection de porcelaines des manufactures de Vincennes et de Sèvres. Dans le premier, nous mettrons en exergue une pendule lyre de couleur rose d'époque Louis XVI dont le modèle était très prisé à la fin du XVIIIe siècle à tel point que l'on en trouvait un exemplaire au château de Versailles, actuellement conservé au Musée du Louvre à Paris ; on y trouve aussi une paire de vases dits de « Fontenoy », vers 1765, un service à la « feuille de choux » et décor de trophées, vers 1767-1770, et surtout un très rare service dit « aux partitions », daté de 1767. Dans le deuxième salon, on remarque trois vases « des âges » à fond vert, une intéressante collection de tasses et leurs soucoupes, une paire de vases dits « hollandais », deuxième grandeur, de 1756, un vase balustre urne de Vincennes daté 1755, à belle monture de bronze doré, ayant appartenu à la marquise de Pompadour, un service de petit déjeuner et écuelle de 1770 à fond bleu dit « œil-de-perdrix », à décor d'enfants, une caisse à fleurs de Vincennes, de 1754, à fond bleu céleste et une impressionnante série de pièces à décor en camaïeu rose.

On accède au premier étage par un escalier d'angle et l'ensemble des pièces de l'étage donne sur le hall-patio par l'intermédiaire d'une galerie dans laquelle ont été disposés tapis et tapisseries de très belle facture. Mais ici règne l'atmosphère très simple des « petits appartements » du XVIIIe siècle. Boiseries gris Trianon à rechampis blancs, mobilier Louis XV ou Louis XVI, souvent de bois peint et quelques touches de couleurs fraîches dans les tons pastel : des jaunes, des verts pâles ; des boiseries peintes aux sujets gracieux comme les jeux simiesques. Le confort moderne n'a pas été oublié, mais discrètement disposé de manière à éviter les anachronismes trop évidents. Par les fenêtres, la vue s'étend par-delà les jardins, vers les confins de la France et de l'Italie encadrant une Méditerranée d'un bleu intense.

Dans un couloir desservant plusieurs pièces ont été disposées d'intéressantes terres cuites dont une paire de bas-reliefs attribués à Antoine-François Gérard, deux statuettes de Joseph-Charles Marin, un rare bas-relief de Félix Lecomte représentant le *Triomphe de Terpsichore,* moulage de celui destiné à orner la façade de l'hôtel de la célèbre danseuse Guimard, un bas-relief d'après Clodion. Une ancienne chambre a été transformée en cabinet de porcelaines, dit « salon des Saxes », dans lequel dominent une belle pendule du XVIIIe siècle en bronze doré ornée d'une statuette de sanglier en porcelaine de Meissen avec des fleurs de pâte tendre française de Vincennes et de Mennecy, deux amusantes statuettes de bouffons de cour en porcelaine de Meissen d'après un modèle de Kaendler, représentées avec un gros ventre en costume autrichien et datées de 1746 (une autre semblable est montée sur une pendule française du XVIIIe siècle), et également une statuette de Chinois tenant une lanterne.

Dans le salon suivant, dit « des tapisseries », le mur du fond est habillé d'une tenture de Beauvais de la suite des *Amours des dieux* d'après des cartons de François Boucher. Datée vers 1747, elle était composée à l'origine de neuf pièces : celle-ci, qui représente *Apollon et Clytie,* constitue la neuvième et dernière tapisserie de la série. Dans cette même pièce se trouvent un fauteuil et une chaise de Georges Jacob, d'un modèle caractéristique de ce grand menuisier, ainsi qu'une commode demi-lune italienne néoclassique. Enfin, dans une ravissante petite pièce recouverte de boiseries du XVIIIe siècle, à décor peint en polychromie de jeux de singes, dont une charmante et amusante scène de patinage, a été présentée une série de neuf statuettes de petits singes musiciens en porcelaine de Meissen, sur un modèle de Reinicke, vers 1765-1766. La série complète, composée de dix-neuf statuettes, formait un orchestre. La loggia rappelle celles de Toscane et en particulier de Florence avec ses fenêtres protégées par d'imposantes grilles de fer forgé.

Après avoir traversé la loggia, on pénètre dans un petit salon chinois dans lequel l'œil est d'abord attiré par de splendides feuilles de paravent de la Chine à fond noir et riche décor or en très léger relief, agrémentées de larges charnières de bronze doré ciselé. Les amateurs de mobilier du XVIIIe siècle se trouveront alors devant l'un des plus importants meubles de la collection, une très rare commode à portes d'époque Louis XVI, réalisation du grand ébéniste Joseph Baumhauer. Ses deux panneaux à fond blanc (actuellement jaunis) en vernis européen à l'imitation des laques de la Chine se présentent comme des tableaux simplement encadrés de vigoureuses moulures de bronze doré, les portes ouvrant sur des tiroirs de bois satiné.

La chambre suivante est meublée simplement d'un fauteuil à dossier en écu, d'une paire de petites bergères carrées et d'une commode demi-lune en bois peint, tous ces meubles datant de la fin du XVIIIe siècle. Dans ce qui était autrefois la salle-de-bain, on a disposé deux élégants meubles classiques de l'ébéniste Saunier, en placage de bois satiné : un petit bureau à cylindre avec bonheur-du-jour et une console, également avec bonheur-du-jour ; ces meubles aux lignes simples sont des exemples parfaits du raffinement et de la simplicité du mobilier français sous le règne de Louis XVI, et du goût particulier qui se développa durant cette période pour les petites pièces et les meubles de dimensions plus réduites.

Dans le salon dit « des Fragonard » se côtoient des meubles du XIXe siècle dans le goût du siècle précédent, dont un secrétaire à plaques de porcelaine, une table portant une fausse estampille de Georges Jacob et un joli petit bureau arrondi italien d'après Piffeti. Le meuble le plus intéressant de cette pièce est un rare secrétaire avec bonheur-du-jour, à décor peint en camaïeu de vert, réalisé par l'ébéniste Dubois.

En ressortant sur la galerie, on découvre dans la pénombre deux chefs-d'œuvre : une pendule-baromètre d'époque Louis XIV en marqueterie d'écaille et d'ébène, et surtout un impressionnant et superbe régulateur en placage par Duchêne, ayant appartenu au duc de Bouillon.

Disposés dans l'ensemble de la villa, différents tableaux et dessins de grands maîtres intéresseront les amateurs. Parmi ceux-ci et, à tout seigneur tout honneur, deux belles huiles de François Boucher : *L'Amour marquant le temps* et surtout *De trois choses en ferez-vous une ?* D'un artiste raffiné et anecdotique, la Villa possède cinq portraits de danseuses par Schall. Le style néoclassique tellement présent dans toute la maison a certainement présidé également dans le choix de certaines œuvres, comme ce beau lavis d'Hubert Robert représentant des femmes près de ruines antiques, ou cette vue du château de Fontainebleau de Pierre-Denis Martin. On remarque également deux belles gouaches de Nicolas Lavreince représentant des scènes de charme dans des intérieurs, ainsi que trois belles scènes de bataille de Van Blarenberghe, spécialiste du genre. Mais ce qui a fait la réputation de l'ensemble des œuvres picturales hormis les œuvres de Boucher, ce sont les merveilleux lavis de Jean-Honoré Fragonard et le tableau de Jean-Baptiste Lancret.

Après avoir travaillé sur l'ensemble des collections de la villa Ile de France, il ressort que le lien entre tous les objets qui les composent est celui de la qualité, et que le goût qui a présidé à leur choix est assez représentatif d'une époque : celui des Camondo, celui des Rothschild, celui qui a prévalu pendant toute cette période de la fin du XIXe siècle et le début du XXe siècle. La peinture et le mobilier français du XVIIIe siècle dominent largement les autres domaines, mais c'est surtout l'époque où, en France, tous les arts sont à leur apogée, et le monde entier cherchera à le copier avec plus ou moins de bonheur. Si on peut voir dans bien des endroits des ensembles mobiliers datant du XVIIIe siècle dans leur disposition et leur arrangement d'origine, tel n'est pas le cas à la villa Ephrussi. Béatrice Ephrussi ne cherchait probablement pas non plus à réaliser des spéculations, même si elle vendit à plusieurs reprises un certain nombre de ses objets, meubles et tableaux. Nous en avons retrouvé la trace à travers au moins deux ventes publiques. Mais il est vrai que le jugement des collectionneurs évolue et qu'ils veulent parfois changer un décor. Cela est d'autant plus vrai pour madame Ephrussi dont on connaît le caractère fantasque et la diversité des goûts. Il lui a paru indispensable de faire régner l'harmonie, non seulement entre les éléments d'une même pièce, mais aussi entre les différentes pièces de la maison. Cette adaptation moderne témoigne du caractère éminemment décoratif des éléments qui la composent et de la richesse des matériaux et du mobilier qu'elle avait acquis. En voulant recréer ce type d'ensembles, Béatrice Ephrussi aimait traiter les arrangements intérieurs comme de véritables décors de théâtre, ce qui était d'ailleurs souvent le cas au XVIIIe siècle pour les pièces de réception ou d'apparat.

Une telle demeure ne peut laisser indifférent et reste exemplaire de l'imbrication de l'art et de la fortune. Les œuvres s'insèrent naturellement dans une composition vivante qui est loin de l'ambiance des froides salles de musées. N'était-ce pas le vœu de Béatrice de Rothschild que de laisser l'empreinte d'un univers familier ? Les pages qui suivent, à défaut de pouvoir être un catalogue raisonné des 5 000 œuvres d'art de la Fondation, donneront une idée de la collection extraordinaire composée par Madame Ephrussi et qu'elle nous invite à découvrir comme ses invités privilégiés.

Mobilier

par Pierre-François Dayot

BAROMÈTRE EN ÉBÈNE ET BRONZE DORÉ
André-Charles Boulle, Paris, vers 1685-1695

Bâti de chêne et placage d'ébène, bronze doré et gravé, laiton gravé, émail peint en bleu.
Dimensions : haut. 135 cm ; larg. 21 cm.
Marque : le cadran gravé *Gaudron Aparis*.
Antoine Gaudron, horloger reçu maître en 1675.
Provenance : probablement un des deux exemplaires ayant appartenu à Laurent Grimod de La Reynière (1733-1793).
Bibliographie : J. N. Ronfort, « André-Charles Boulle : die Bronzearbeiten und seine Werkstatt im Louvre », in *Vergoldete Bronzen*, Munich, 1986, vol. II, p. 509.

Bien connu des spécialistes, ce baromètre formant à la fois pendule (indiquant les phases de la lune) et thermomètre est attribué de façon formelle à André Charles Boulle[1]. Il rassemble à lui seul trois innovations techniques importantes pour l'époque, résumant ainsi l'emprise grandissante de l'homme sur son environnement dans le courant du XVIIe siècle. L'idée de faire d'un instrument scientifique un objet très luxueux lui confère une place particulière dans l'histoire de l'ameublement ; elle fait de ce baromètre un objet rare et probablement l'un des premiers de ce type jamais réalisé. Boulle associait dès avant 1690 pendule et baromètre, en ajoutant un second cadran aux modèles des pendules de l'Enlèvement de Cybèle ou celles dites de « M. Louvois » ; le baromètre Ephrussi lui donna l'occasion de se surpasser en combinant ces deux éléments avec un thermomètre conçu selon le système florentin précédant les travaux de Réaumur[2].

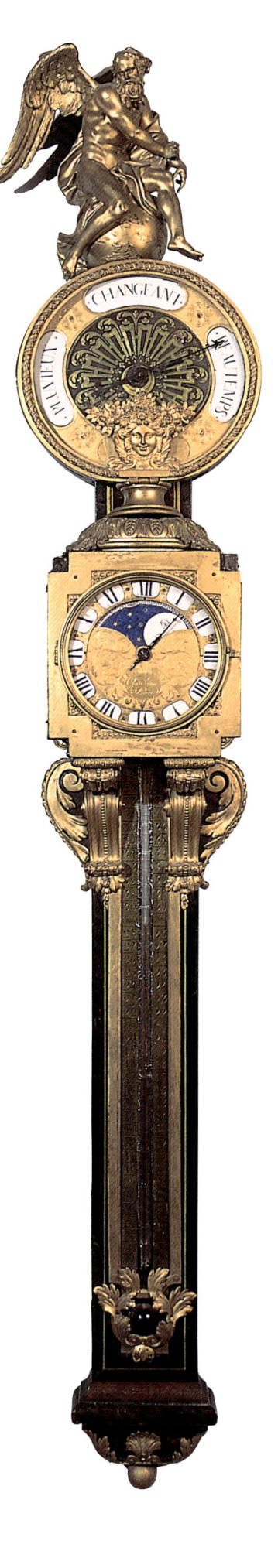

Détail du cadran de la pendule.

L'inventaire de l'atelier de Boulle en 1715[3] mentionne cinq baromètres en cours de fabrication, sans plus de précision. Stylistiquement, le masque de femme et la figure du Temps renvoient immédiatement au répertoire boullien traditionnel tel qu'on l'observe sur de nombreuses pendules. Plus précisément, les petites consoles qui soutiennent le cadran du baromètre sont identiques à celles de la pendule aux Parques avec Temps isolé et de l'Enlèvement de Cybèle faisant partie des dessins de meubles inventés et gravés par André-Charles Boulle après 1707. Le fermier général Grimod de La Reynière, dont l'hôtel s'élève encore aujourd'hui à l'angle de la place de la Concorde et de la rue Boissy-d'Anglas, somptueusement décoré à partir de 1777 sous la direction de l'architecte François-Joseph Bélanger, possédait deux exemplaires de ce modèle. Ils apparaissent en 1797 dans sa vente après décès[4] : « *Une petite pendule de marqueterie de Boule, portant aussi dans le haut un cadran de baromètre, et un tube de thermomètre dans le bas ; le mouvement, du nom de Gendron (sic) à Paris, est à équation, marque les quantièmes et phases de la lune ; cette jolie pièce est ajustée de filets, consoles et autres ornemens en cuivre doré, et surmontée d'une belle figure du Temps* ». Il est intéressant de constater l'association de deux objets identiques, la logique utilitaire de l'instrument scientifique cédant le pas devant l'effet décoratif de l'ensemble ∎

P. F. D

1. Ronfort, 1986, *op. cit.*, p. 509.
2. Réaumur inventa vers 1730 le thermomètre à alcool disposant d'une échelle de graduation plus importante.
3. Acte de délaisement, une copie à la Bibliothèque d'Art et Archéologie, Paris (carton 26, Boulle) ; cité par J.-P. Samoyault, *André-Charles Boulle et sa famille,* Genève, 1979, p. 68.
4. Vente Grimod de La Reynière, Paris 7 septembre 1797, n° 111 et 112.

RÉGULATEUR DE PARQUET
Jean-Baptiste Duchesne, Paris, vers 1725-1735

Bâti de sapin et de chêne, placage de satiné ; cadrans à chiffres émaillés bleu, noir et rose ; bronze doré.
Dimensions : haut. 272 cm ; larg. 78 cm. ; prof. 42 cm.
Marque : le cadran en cuivre gravé aux armes du duc de Bouillon inscrit *INVENTEE ET FAIT PAR JB DUCHESNE A PARIS*.
Jean-Baptiste Duchesne, horloger reçu maître en 1723.
Provenance : Emmanuel Théodose de La Tour, duc de Bouillon (1668-1730), son fils Charles Godefroy de La Tour d'Auvergne, duc de Bouillon (1706-1771).
Bibliographie : J. D. Augarde, « Un régulateur à équation livré en 1726 pour le duc de Bouillon », *L'Estampille,* octobre 1984, pp.72-73.
J. D. Augarde, *Les ouvriers du temps*, 1996, p. 307.

L'histoire de ce régulateur est d'ores et déjà bien connue[1] et son premier propriétaire, Emmanuel Théodose, duc de Bouillon, est immédiatement identifiable grâce aux armes en bronze ciselé et doré placées au-dessus et au centre du cadran. Au-delà de la qualité du travail d'ébénisterie caractéristique des plus belles réalisations des années 1730-1735, l'intérêt de ce régulateur réside dans la nouveauté et la complexité de son mouvement. Réalisé par Jean-Baptiste Duchesne vers 1726, il permet d'indiquer à la fois le temps vrai et le temps moyen, sur un seul et même cadran et à l'aide de trois aiguilles désignant les heures, minutes et secondes. Selon le temps vrai (ou temps solaire), la durée d'une journée n'est pas identique en été et en hiver, d'où la nécessité pratique d'élaborer une division du temps, calculée en fonction de la durée moyenne d'une journée solaire au cours de l'année. Le temps moyen est donc une correction du temps solaire. La différence entre le temps vrai et le temps moyen varie donc selon les époques de l'année ; ce régulateur au temps vrai et moyen permet donc de matérialiser immédiatement ce décalage. Considéré comme une prouesse technique, ce mouvement fit, en 1726, l'objet d'une présentation à l'Académie Royale des Sciences qui l'agréa, en soulignant « l'habileté de l'ouvrage »[2]. Ces caractéristiques permirent à J. D. Augarde d'identifier ce régulateur à la

Les collections de Madame Ephrussi.

Ci-dessus, détail du cadran avec les armes du duc de Bouillon.
Ci-contre, détail des armes du duc de Bouillon.

mort du duc de Bouillon, dans son hôtel du quai Malaquais. On le trouvait alors dans la *Chambre au balustre*, terme désignant la balustrade séparant le lit du reste de la pièce. Considéré parfois comme un attribut de souveraineté, le balustre semble plus généralement avoir été utilisé par les personnages importants du royaume dès lors qu'ils disposaient d'une chambre d'apparat[3]. La description laconique qui en est faite : « *Une pendule au temps vrai et moyen par Duchesne horloger à Paris dans sa boite de bois de chêne, 800 livres* »[4], appelle cependant quelques explications. À l'évidence, le bois utilisé pour la caisse du régulateur ne correspond pas ; de plus, il n'est pas fait mention des armes en bronze doré. L'hypothèse retenue consiste à envisager une livraison du régulateur peu après sa fabrication, vers 1726 ; il est ensuite installé dans une des pièces les plus importantes de la maison où il est inventorié en 1730, puis plaqué en bois précieux et enrichi des armes des Bouillon vers 1730-1735. Considéré avant tout comme un chef-d'œuvre de technologie, ce statut d'instrument scientifique explique sans doute la modestie première de sa présentation. Le décalage entre la simplicité du piétement et la perfection du mouvement gêne l'appréciation d'un regard du XXIe siècle. Cette gêne se dissipe si l'on s'attarde d'une part sur l'estimation du régulateur et d'autre part sur sa localisation dans l'hôtel de Bouillon. La chambre d'apparat n'est pas un lieu intime, son ameublement composé notamment d'une riche *table carrée de prime d'émeraude* et d'un *lustre à huit branches,* ainsi que son emplacement au rez-de-chaussée entre un salon sur le jardin venant après la grande galerie et l'appartement de la duchesse douairière, viennent en effet tempérer l'impression laissée par une première lecture de l'inventaire. Toute perplexité disparaît complètement si l'on considère l'importance de son estimation, soit 800 livres ; à titre de comparaison, une autre pendule inventoriée dans la pièce précédente, également par Duchesne et reposant sur sa gaine en marqueterie Boulle, n'est estimée que 130 livres[5]. Ce régulateur n'a pu être retrouvé dans les inventaires du fils et du petit-fils[6] de son commanditaire ; peut-être n'a-t-il pas été attribué au duc lui-même lors du partage ? On peut donc envisager que le régulateur ait

176. Les collections de Madame Ephrussi

quitté dès le XVIIIᵉ siècle l'hôtel de Bouillon, décrit en 1787 de la façon suivante : « *Cet Hôtel magnifique contenoit autrefois quantité de Tableaux précieux, qui y existent bien encore, mais dans un garde-meuble où ils dépérissent, M. le Duc de Bouillon occupant rarement son Hôtel, réside presqu'habituellement au Château de Navarre* »[7]. Nous sommes assez loin du résumé qui en était fait en 1733 par Le Rouge : « *L'Hôtel de Bouillon, bâti par François Mansard, qui est des plus beaux & des plus richement meublés de Paris [...]* »[8] ■

P. F. D

Machines et inventions approuvées par l'Académie Royale des Sciences depuis son établissement, pl. 268.

1. Depuis l'article de Jean Dominique Augarde, « Un régulateur à équation livré en 1726 pour le duc de Bouillon », *L'Estampille*, octobre 1984, pp. 72-73.
2. Cité par J. D. Augarde, 1984, *op.cit.* ; voir illustration.
3. Un exemple parmi d'autres se trouve au Palais Cardinal, décrit lors du décès du cardinal de Richelieu, « *En la chambre de son Eminence / 455 Item, un baluste de bois de haistre faisant le tour du susdict lict, prisé à la somme de 12l* », inventaire après décès du 4 décembre 1642 cité dans les *Archives de l'Art Français*, Tome XXVII, 1985 ; information aimablement communiquée par D. Langeois.
4. Inventaire après décès d'Emmanuel Théodose, duc de Bouillon, le 5 juin 1730, Arch. nat., M.C.N., Et LXVIII, 377.
5. Duchesne apparaît ainsi comme un fournisseur habituel du duc de Bouillon ; J. D. Augarde le cite également comme créancier de 219 livres à sa mort, *op. cit.*, p. 73.
6. On trouve cependant au château de Navarre, « *Au bas du grand escalier / Une pendule a vibration et equation marquant les heures minutes secondes les mois et jours de l'année a quadran de cuivre et les indications d'émail dans sa boîte et sur son pied en pillastre de bois de noyer garni d'une glace en œil de bœuf de sa lentille de cuivre, cordage et poid de plomb, 300 livres* », Arch. nat., M.C.N., Et.LXVIII, 540.
7. Thiery, *Guide des amateurs et des étrangers voyageurs à Paris*, Paris, 1787, tome second, p. 500.
8. Le Rouge, *Les curiositez de Paris,* Paris, 1733, tome II, pp. 126-127.

PETITE TABLE OVALE À PLATEAU DE COMPIGNÉ
Mathieu-Guillaume Cramer, Paris, vers 1780

Bâti de chêne et placage d'acajou, ornementation de bronze doré ; le plateau en étain rehaussé de gouache, d'or et d'argent.
Dimensions : haut. 73,5 cm ; larg. 47,5 cm ; prof. 39 cm.
Estampille : *M.G. CRAMER* et *JME* (sous la ceinture).
Mathieu-Guillaume Cramer, ébéniste reçu maître en 1771.
Marque : inscription sur la plaque de Compigné : « *VUE DU PALAIS ROYAL PRISE DU FOND DU JARDIN EXECUTEE SUR LE TOUR PAR COMPIGNE TABLETTIER DU ROY* ».
Bibliographie : A. Semail, « Les compignés et leurs créateurs », *Plaisir de France*, 1975, n° 427, p. 31. « Chefs-d'œuvre de la collection Ephrussi de Rothschild », *L'Estampille-l'objet d'art,* n° 227, juillet-août 1989, pp. 40-51.

Tout comme le décor de plumes et ailes d'insectes pris dans la cire (voir p. 184), les panneaux inventés et réalisés par Compigné étaient essentiellement réservés aux ouvrages de tabletterie. Compigné tenait boutique à l'enseigne du roi David, rue Greneta, dans le quartier Montorgueil. *L'Almanach Dauphin* de 1777 répertoriant les principaux marchands et artisans de France présentait Compigné, tabletier du roi, comme l'un des plus fameux et poursuit : « *Cet habile artiste vient d'exécuter de nouvelles tabatières en camayeu travaillées au tour, sur lesquelles sont sculptées en relief des perspectives de paysages et châteaux, conformément aux desseins qui lui sont remis pour modèle* ». La plaque d'étain était estampée grâce à un moule en bronze ; elle était ensuite dorée,

Les collections de Madame Ephrussi. **177**

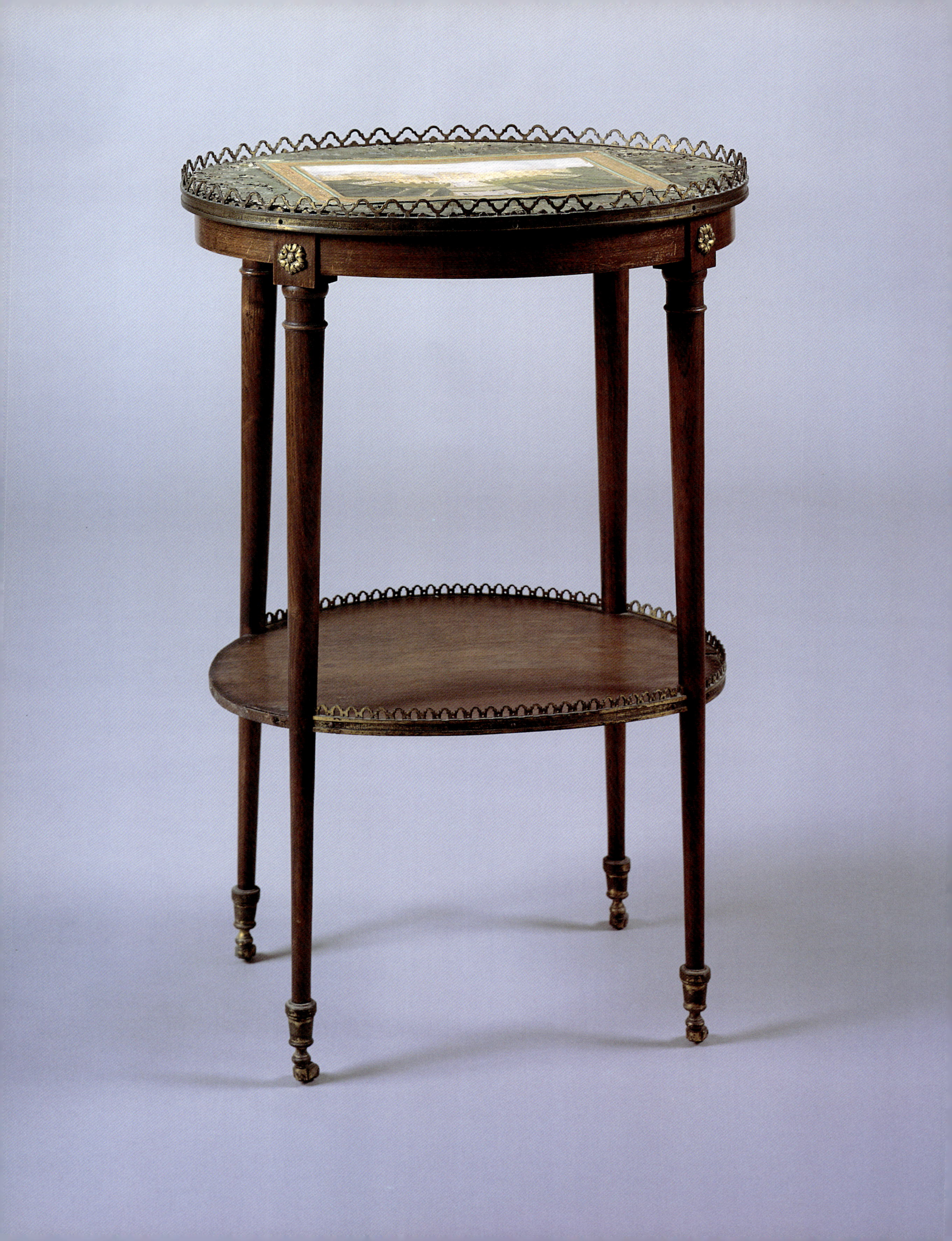

Détail du plateau réalisé par Compigné.

argentée et peinte en couleur selon une technique aujourd'hui disparue. Destinée à orner le cabinet d'un curieux, l'existence d'une plaque identique à celle ornant le dessus de la table Ephrussi, dans un cadre de bois doré et légèrement réduite en largeur, intrigue par sa signature[1]. Elle est l'œuvre de Claude Louis Chevalier, suiveur de Compigné, lequel disposait visiblement, sinon des moules, du moins des mêmes modèles que son prédécesseur. Le Palais-Royal est représenté depuis le jardin après la deuxième campagne de travaux de l'architecte Contant d'Ivry, soit nécessairement après 1770 ; Compigné, a donc logiquement eut recours à une gravure très récente pour un objet qui se voulait à la pointe de la mode. Si la production de médaillons de ce type est assez abondante, les meubles ornés de plaques de Compigné sont, quant à eux, d'une grande rareté. Un autre exemple faisait jadis partie de la collection Jacques Doucet[2] : de forme rectangulaire et peinte en vert, le dessus de cette table est orné d'une plaque représentant le Palais-Bourbon et l'hôtel de Lassay, les côtés de paysages dans des médaillons circulaires. L'existence de ce décor sur de petites tables, malgré le faible corpus aujourd'hui répertorié, est attestée de façon certaine par l'inventaire après décès de Compigné[3].

La rareté d'un meuble éveille spontanément l'intérêt de l'amateur ; elle pose également la question de son appréciation et du type de regard à lui accorder. D'une fonctionnalité discutable, l'usage d'un meuble à dessus de plaque de Compigné est réduit à sa plus simple expression. La grande fragilité du décor imposait nécessairement l'application d'une plaque de verre sur le dessus du plateau et cantonnait ce type de table au rôle de simple fantaisie. L'idée amusante d'associer une réalisation originale et un meuble d'usage courant se heurte partiellement au bon sens, lequel s'attache à ce que chacun des éléments remplisse son office. L'explication de cette imperfection se trouve sans doute dans les conditions de la conception générale du meuble, sans véritable plan préalable, à l'inverse de certains meubles ornés de porcelaine et inventés par les plus habiles des

Les collections de Madame Ephrussi. **179**

marchands-merciers[4]. Alors que l'on conçoit aisément, au-delà de son aspect esthétique, l'avantage d'un plateau de porcelaine, la précision et la virtuosité d'une œuvre de Compigné la disposent plus à orner de petites surfaces, des objets précieux tels que des tabatières ou à la rigueur les parties verticales d'un meuble. Il est ensuite intéressant de s'interroger sur la place d'un tel meuble dans la hiérarchie des objets de luxe. La perfection d'une réalisation est évidemment liée au respect de sa destination : de façon très pragmatique d'une part, en permettant de servir café, thé ou autre boisson ; elle doit aussi correspondre, dans son esprit, à l'idée que l'on se fait d'une petite table de salon, avec un dessus résistant aux agressions. C'est la raison pour laquelle les panneaux de laque étaient également bannis, sauf à contenir un tiroir à écrire. La sobriété du support, un simple piétement en acajou rehaussé de petites rosettes de bronze doré venant modestement agrémenter le sommet des montants, constitue à cet égard un indice. Le décalage évident entre les parties du meuble font que cette table ressemble plus à une association de hasard, reproduite à quelques exemplaires, qu'à une création destinée à séduire une clientèle exigeante. À l'évidence, le procédé de Compigné était avant tout considéré comme une prouesse technique dont l'attrait était entretenu par le mystère qui l'entourait. Objet de haute curiosité sans aucun doute, la modicité des moyens déployés pour le mettre en valeur en fait un meuble difficilement classable et vraisemblablement de faible valeur en comparaison des meubles similaires ornés de plaques de porcelaine et occupant le sommet de la hiérarchie du luxe ■

P. F. D

Estampille de Mathieu-Guillaume Cramer et poinçon de jurande.

1. Repr. dans Semail, *op. cit.*, p. 25, et A. Semail, « Compigné, tablettier du roi », *La vitrine des arts et des collectionneurs,* n° 5, novembre 1960, repr. p. 9.
2. Sa vente, Paris, 8 juin 1912, n° 332.
3. Information aimablement communiquée par Christian Baulez.
4. Les tables incorporant un plateau de porcelaine dit « plateau courteille », réalisées par BVRB sous la direction du marchand-mercier Simon Philippe Poirier, possèdent deux poignées en bronze de chaque côté de la table pour faciliter le service.

COMMODE À PORTES EN VERNIS EUROPÉEN
Joseph Baumhauer, Paris, vers 1765

Bâti de chêne et de bois tendre, plaqué de quatre panneaux en vernis européen ; les deux vantaux découvrant trois grand tiroirs en chêne plaqué de satiné en façade ; le revers des portes en placage de satiné et d'amarante ; bronze doré ; dessus de marbre blanc rapporté postérieurement.
Dimensions : haut. 84,5 cm ; larg. 128,5 cm ; prof. 64 cm.
Estampille : JOSEPH (deux fois montants antérieurs gauche et droit). Joseph Baumhauer (mort en 1772), ébéniste privilégié du roi vers 1749.
Marque : étiquette ovale imprimée en rouge : *CHENUE/EMBALLEUR /5, Rue de la Terrasse-PARIS* (déchirée) et manuscrite : *Guiraud*.
Provenance : Probablement galerie Guiraud avant 1934.
Bibliographie : O. Le Fuel, « L'extravagante villa-musée de la belle Madame Ephrussi, *Connaissance des Arts*, mars 1962, p. 80, ill.
« Chefs-d'œuvre de la collection Ephrussi de Rothschild », *L'Estampille-l'objet d'art,* n° 227, juillet-août 1989, pp. 40-51.

L'originalité de cette commode à portes réside avant tout dans l'originalité de son décor constitué à partir de rares panneaux en vernis à fond ivoire. Conçue à l'origine pour être accompagnée de deux encoignures qui furent réalisées par B.V.R.B., elle témoigne également de la collaboration fréquente entre ébénistes au XVIIIe siècle.
Les seuls exemples de meubles français de cette époque décorés dans un style comparable de panneaux à fond blanc, très proche du style chinois[1], sont, en dehors de la commode Ephrussi, une paire de cabinets d'époque Louis XVI, autrefois propriété du duc de Wellington à Stratfield Saye (Angleterre)[2], réalisés vers 1790. Citons cependant un meuble surprenant qui appartenait jadis à Lady Baillie et dont les panneaux semblent avoir

180. Les collections de Madame Ephrussi

Photographie Image Art, Antibes.

Les collections de Madame Ephrussi. **181**

Intérieur de la commode.

été remployés tardivement³. Les mentions sont rares de meubles comparables dans les documents du XVIIIᵉ siècle. L'inventaire après décès de M. Duperier-Dumouriez, trésorier de France à Montauban, décrit néanmoins dans le salon de son hôtel parisien, vers 1780, « *deux encoignures a un guichet chacune vernie chinois et or fond blanc avec dessus de marbre blanc, 240 livres* »⁴. Bien trop vague, le terme de « vernie chinois » peut parfaitement désigner un vernis européen ; on ne peut toutefois exclure avoir affaire à de rarissimes panneaux de laques d'Extrême-Orient⁵. Un inventaire des meubles achetés par le duc de Wellington, rédigé en 1818, au moment où ses cabinets quittèrent la France pour l'Angleterre, les décrit simplement « en laque blanc »⁶.

La porcelaine apparaît sans doute comme le principal vecteur du goût pour les motifs chinois se détachant sur des fonds clairs, plus particulièrement avec le peintre Dodin, à la manufacture de Sèvres au début des années 1760⁷. La même esthétique se retrouve également dans les tissus, avec la mode des pékins peints. Le rapprochement le plus significatif avec le style déployé sur la commode Ephrussi, composé de personnages dans de vastes architectures, concerne les décors en soie brodée réalisés en Chine au XVIIIᵉ siècle. Une comparaison minutieuse met en valeur de grandes similitudes dans le traitement des personnages et surtout des constructions structurées à partir de lignes rouges⁸. Elle conduit à avancer l'hypothèse que ce type de panneaux de soie aient pu servir de modèle à certains vernisseurs, en France ou aux Pays-Bas⁹.

L'ancienne collection Jacques Doucet comptait une paire d'encoignures assorties à cette commode, estampillées BVRB et décorées de panneaux et bronzes dorés identiques. Un destin funeste nous les fait apparaître aujourd'hui sous la forme d'un bas d'armoire¹⁰ remployant les panneaux et les bronzes sur un bâti entièrement transformé¹¹. Ce rapprochement met en valeur le partage de certaines commandes, la plupart du temps sous la direction de marchands-merciers disposant de moyens importants et d'un réseau efficace aussi bien pour la réalisation que pour la commercialisation. Ces deux encoignures aujourd'hui disparues étaient l'œuvre de Bernard III Van Risen Burgh dont la collaboration avec Joseph Baumhauer est attestée, notamment par l'entremise du marchand-mercier François-Charles Darnault, essentiellement spécialisé dans le commerce des laques, et l'un de ceux qui pouvaient se procurer des panneaux présentant la plus grande originalité. On trouve notamment son étiquette commerciale sur la commode en laque du musée Getty[12]. Lorsque la duchesse de Mazarin meubla son hôtel du quai Malaquais, elle fit appel à Darnault qui lui livra en 1769, pour sa chambre à coucher, une commode et deux encoignures[13] par Joseph. Plus grande et infiniment plus luxueuse, cette commode, par sa structure générale, la minceur de la frise sous le marbre et la relative importance de la partie surmontant les petits pieds galbés (particulièrement sur les encoignures), n'est pas sans évoquer la commode Ephrussi et attise le regret de ne pas connaître l'autre commode, plus petite, qui ornait également la chambre à coucher. On retrouve ces caractéristiques stylistiques sur la commode et les encoignures de BVRB III de l'ancienne collection du baron Lepic[14], datables elles aussi vers 1765, la partie entre le marbre et les panneaux de laque étant ici réduite à sa plus simple expression. Ces analogies dans le style et les associations ponctuelles entre Joseph et BVRB III, leurs collaborations avec les plus grands marchands-merciers, permettent d'entrevoir la complexité des rapports entre les différents intervenants dans le commerce du meuble au XVIIIe siècle ■   P. F. D

Estampille de Joseph Baumhauer.

1. Nous excluons volontairement de cette étude les meubles en vernis parisiens à fonds clairs, au style différent et dont les chinoiseries n'ont pas pour véritable ambition d'imiter les authentiques laques chinois.
2. Information aimablement communiquée par A. Pradère ; ancienne collection du duc de Wellington, vente Sotheby's, Londres, 15 mars 1966, n° 76 ; reproduit dans *Connaissance des Arts*, n° 153, novembre 1964, couverture, et dans *Apollo*, juillet 1975.
3. Ancienne collection Lady Baillie, sa vente chez Sotheby's, Londres, 13 décembre 1974, n° 197, puis vente Sotheby's, Monaco, 11 et 12 février 1979, n° 250.

Paire d'encoignures estampillées B.V.R.B. Ancienne collection Jacques Doucet.

4. Cité sans référence dans le catalogue de la vente à New York, Christie's, 23 octobre 1998, n° 160, p. 262 ; pour les scellés, voir Arch. nat., Y13408, 21 novembre 1781.
5. Machault d'Arnouville possédait un cabinet dans le goût chinois décoré de panneaux à fond blanc décrits au château d'Arnouville en 1794 : « *Dans le cabinet ayant vue sur le petit jardin / 62 La boiserie du cabinet garnie de panneaux de cuivre peint façon d'émail représentant des chinois avec bordure doré le fond peint en gris, estimé 500 livres* ». Cette pièce, entièrement meublée dans des harmonies de bleu et de blanc, comptait notamment une paire de bas d'armoire peints en bleu dont les deux vantaux et les côtés étaient décorés de huit panneaux à décor de scènes chinoises sur fond blanc.
6. Collection particulière.
7. R. Freyberger, « Chinese genre painting at Sèvres », *American ceramic circle bulletin*, 1970-1971, n° 1, pp. 29-44.
8. Pour un exemple : voir le paravent tendu de soie de l'ancienne collection Givenchy, vente Christie's, Monaco, 4 décembre 1993, n° 73.
9. Cette question très technique impose la plus grande prudence.
10. Jean Dominique Augarde, « 1749 Joseph Baumhauer ébéniste privilégié du roi », *L'Estampille*, juin 1987, pp. 15-45.
11. Vente Paris, collection Jacques Doucet, 7 et 8 juin 1912, n° 322, puis réapparues sous la forme d'un bas d'armoire dans la vente Octave Homberg, 3, 4 et 5 juin 1931, n° 309, puis coll. Mrs. Sassoon à Londres, puis vente Sotheby's, Londres, 30 avril 1965, n° 112.
12. Inv. 55.DA.2.
13. Collections de la reine d'Angleterre (Buckingham Palace), publiées par C. Faraggi, « Le goût de la duchesse de Mazarin », *L'Estampille-L'Objet d'art*, n° 287, janvier 1995, p. 88.
14. Ancienne collection du baron Lepic, sa vente à Paris, 18 juin 1887, n° 44 et 45, puis ancienne collection du marquis de Ganay ; aujourd'hui conservées dans une collection privée parisienne ; reproduites dans T. Wolvesperges, *Le meuble français en laque au XVIIIe siècle*, Paris, Éditions de l'Amateur, 2000, n° 115, p. 234.

GUÉRIDON À PANNEAUX DE PLUMES ET AILES DE PAPILLON
Paris, vers 1788

Le plateau à bâti de chêne et bois tendre (au revers des panneaux), placage d'acajou ; façade du tiroir en bois tendre plaqué d'acajou, côtés en acajou massif, le fond et l'arrière en chêne ; huit panneaux à encadrement de bronze doré décorés de plumes d'oiseaux et ailes d'insectes sur fond de cire ; galerie de bronze doré ; le piétement en acajou d'époque postérieure.
Dimensions : haut. 77 cm ; larg. 46 cm.
Marques : étiquette ancienne (probablement du XIXe siècle) inscrite à l'encre noire : *CH Miles*.
Provenance : vente Lespinasse d'Arlet, Paris, 11 juillet 1803, n° 123 puis vente Lespinasse d'Arlet, Paris, 4 janvier 1815, n° 317.
Bibliographie : C. Baulez, « Un médaillier de Louis XVI à Versailles », *La Revue du Louvre,* 3-1987, p. 174.
« Chefs-d'œuvre de la collection Ephrussi de Rothschild », *L'Estampille-l'objet d'art,* n° 227, juillet-août 1989, pp. 40-51.

Cette table doit être rapprochée de deux guéridons en bronze et porcelaine réalisés à la Manufacture royale de Sèvres en 1789, présentant tous les deux des plateaux octogonaux de mêmes dimensions que le guéridon Ephrussi (diamètre 46 cm). Le premier fut réservé à la manufacture par le comte de Montmarin pour le roi, à titre de présent diplomatique, et fut offert à la reine d'Espagne[1]. Le second guéridon dont l'unique plaque octogonale est marquée pour l'année 1789 (lettre-date MM), provient du palais de Pavlovsk (Russie), résidence du tsarévitch Pavel Pétrovitch, futur Paul Ier et de Maria Féodorovna. Ces deux guéridons reposent sur un même piétement entièrement en bronze patiné et bronze doré d'une qualité exceptionnelle, très probablement réalisé pour la manufacture de Sèvres par Pierre-Philippe Thomire auquel était habituellement confiée la fabrication des montures des objets de porcelaine. Aujourd'hui remplacé sur la table Ephrussi par de simples pieds en acajou réunis par une entretoise, des traces de fixation sous le plateau attestent formellement de la présence antérieure d'un autre piétement[2]. Il est par ailleurs intéressant de rapprocher son plateau octogonal en cire et plumes du plateau inférieur du guéridon de Pavlovsk, réalisé selon la même technique et qui ne cessait de surprendre. On peut dès lors se demander si le piétement de ce dernier n'était pas conçu à l'origine pour recevoir le plateau Ephrussi. Une explication résiderait dans l'urgence qu'il y avait à fournir très rapidement à l'empereur de Russie un guéridon à dessus de porcelaine[3] ainsi que dans la nécessité d'avoir recours à un guéridon déjà réalisé dont il suffisait de récupérer le piétement. Cette hypothèse est d'autant plus tentante que l'on sait que les plaques en cire et plumes de différentes dimensions, essentiellement destinées à orner de petits objets, tels que des tabatières ou des pendules, étaient entièrement réalisées à la manufacture de Sèvres, sous la direction de Jean-Jacques Hettlinger[4]. Un autre indice frappant réside dans l'identification par Ch. Baulez[5] de la table Ephrussi dans la vente Lespinasse d'Arlet en 1803[6] : « *123 – Un joli guéridon en bois d'acajou, de forme à huit pans, avec Dessus, et huit Médaillons sujets d'Oiseaux et Papillons, travaillés avec des plumes naturelles, sur un fond de cire ; la Galerie ainsi que tous les encadrements sont en*

Détails de deux panneaux à décor de cire, plumes et ailes d'insectes.

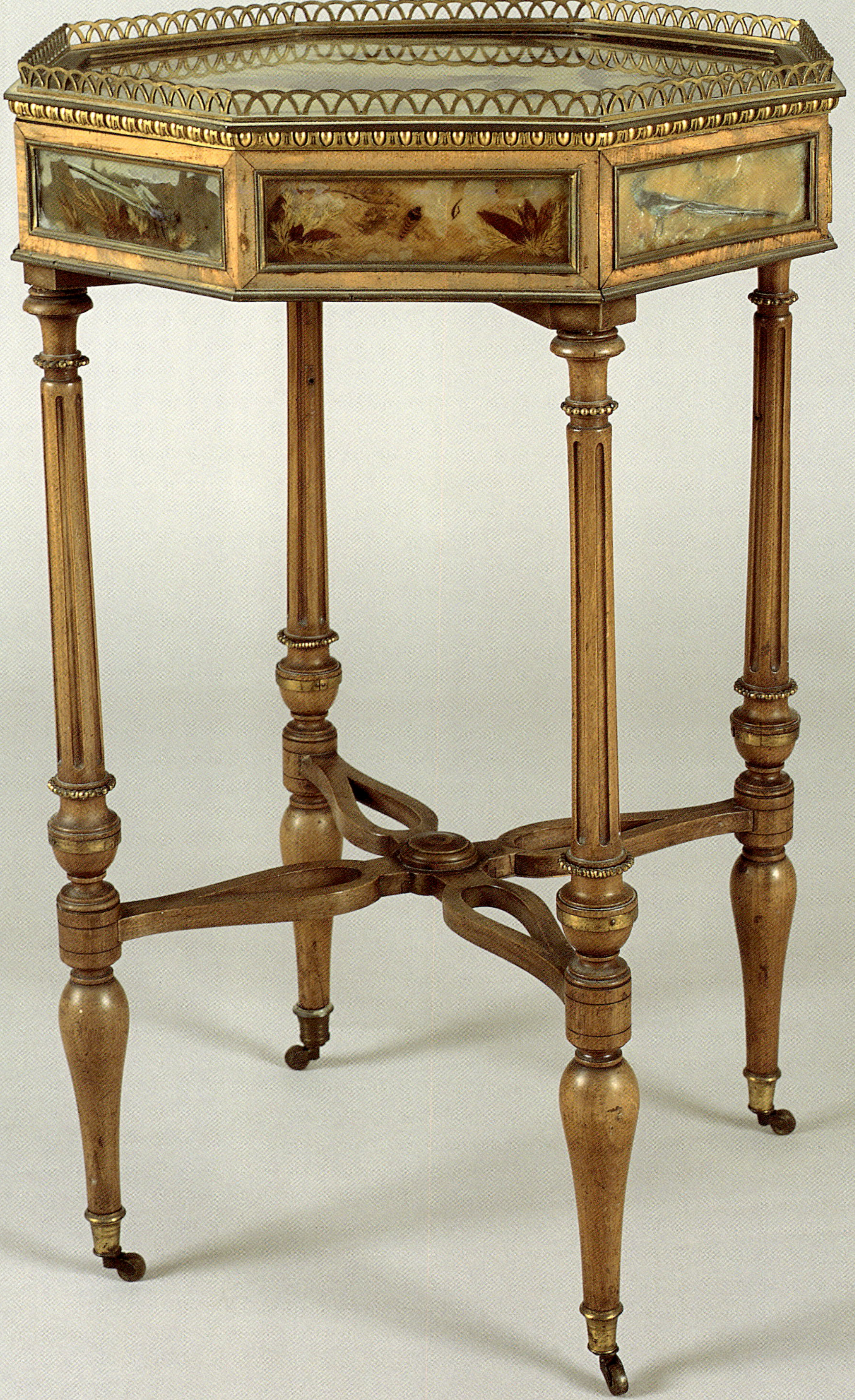

Détail du plateau.

cuivre ciselé et doré au mat. ». Cette description ne permet cependant pas d'identifier le piétement, probablement déjà considéré comme un simple support[7]. La trace de ce guéridon se perd ensuite et l'on ignore la façon dont il entra dans la collection Ephrussi. Rappelons cependant que le seul autre meuble en cire et plume[8], le médaillier de Louis XVI, provient, comme le guéridon de la reine d'Espagne, de la collection d'Alphonse de Rothschild (1827-1905), le père de Béatrice Ephrussi de Rothschild. Il est envisageable que Béatrice ait souhaité faire l'acquisition d'un meuble semblable au médaillier qu'elle avait pu admirer chez ses parents ; on ne peut en même temps exclure, en l'absence de documents d'archives, qu'elle en ait hérité à la mort de son père ■ P. F. D

1. Ancienne collection Alphonse de Rothschild, puis vente Paris, Étude Tajan, 20 juin 2001, n° 146, puis Galerie Aveline, Paris.
2. La comparaison avec le guéridon Rothschild démontre que les traces relevées sous le guéridon de la collection Ephrussi sont parfaitement compatibles avec un piétement de bronze rigoureusement identique à celui des deux tables citées plus haut.
3. Galerie Kugel, Paris.
4. Voir C. Baulez, *op. cit.*, p. 174.
5. *Ibid.*
6. Vente assez particulière regroupant des meubles et objets de grande qualité souvent très récents et ne paraissant pas, tels qu'ils se présentent, avoir participé au décor d'une demeure.
7. Il n'est pas à exclure qu'il s'agisse du piétement actuel.
8. L'inventaire après décès de Daguerre mentionne un guéridon, aujourd'hui perdu, dont le dessus était orné d'un médaillon en cire et plumes, Arch.nat.,M.C.N., Et XXXVI, 633, 5 décembre 1796 ; cité par P. Lemonnier, *Weisweiler*, Paris, 1983, p. 162.

Médaillier, vers 1787-1788 (château de Versailles).

TABLE À JEU EN BOIS PEINT EN CAMAÏEU DE GRIS
René Dubois, Paris, vers 1770

Bâti de sapin ; les pieds arrière articulés à 90° (bloqués par un bouton poussoir) pour soutenir le plateau rabattable, l'intérieur garni de moire bleue (un élément de galon conservé) ; le tiroir en chêne ouvre avec une lame de ressort et un cliquet libéré par un bouton poussoir.
Dimensions : repliée, haut. 74,5 cm ; larg. 98 cm ; prof. 50 cm.
Estampille : *I. DUBOIS* et *JME* (sous la traverse latérale gauche).
René Dubois, ébéniste reçu maître en 1755.
Marque : étiquette imprimée du XXe siècle de la maison Chenue, inscrite à l'encre : *Musée de L'île de France / Cap Ferrat.*
Bibliographie : *Marie-Antoinette, archiduchesse, dauphine et reine*, cat. expo., château de Versailles, 16 mai-2 novembre 1955, n° 773, p. 240. « Chefs-d'œuvre de la collection Ephrussi de Rothschild », *L'Estampille-l'objet d'art*, n° 227, juillet-août 1989, pp. 40-51. *Les collections de l'Institut*, Paris, 1995, pp. 320-321. Thibaut Wolvesperges, *Le meuble français en laque au XVIIIe siècle,* Paris, 2000, n° 115, p. 234.

Une fois de plus, le choix de Béatrice Ephrussi s'était porté sur un décor rare qui suscite encore l'étonnement. Cette table à jeu, par l'élégance et l'harmonie de ses formes, la fantaisie des scènes peintes en trompe l'œil et sa provenance royale, résume à elle seule son goût pour le XVIIIe siècle.

S'il est un fil directeur à sa collection de meubles telle qu'elle nous apparaît aujourd'hui, il s'agit bien d'un penchant pour un décor original et pittoresque, se détachant de préférence sur un fond clair, donnant un aspect lumineux à l'ensemble. Cette remarque vaut tout aussi bien pour la commode en vernis à fond blanc, la table octogonale ornée de plumes et ailes d'insectes, le secrétaire également en camaïeu[1] et les quatre meubles à plaques de porcelaine plus tardifs[2]. A contrario, la collection ne compte aucun meuble en laque de Chine ou du Japon aux harmonies sans doute jugées trop austères. Probablement acquise comme ayant appartenu à Marie-Antoinette, cette table a figuré à l'exposition de 1955 consacrée à la reine. Aucun document d'archive ne vient confirmer cette provenance.

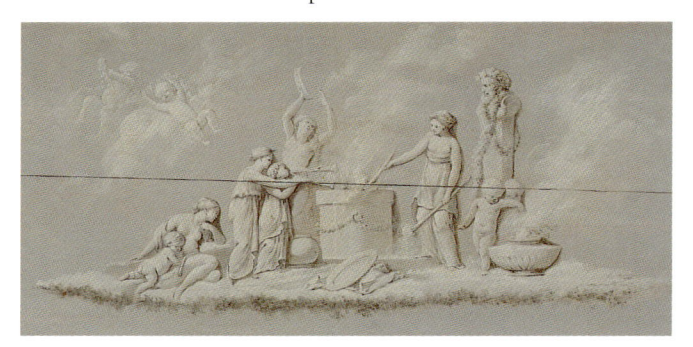

Détail du plateau.

À la mort de Jacques Dubois, sa veuve prit la direction de l'atelier et leur fils René n'en devint officiellement propriétaire qu'en 1772[3]. René Dubois devait probablement en assurer la direction effective depuis 1763 et c'est bien à lui qu'il convient d'attribuer la série de meubles en camaïeu, malgré l'usage continu de l'estampille de son père. Seule table à jeu, elle est également le seul meuble associant ce décor à des encadrements de couleur bleue. Les peintures sont à rapprocher des compositions de Piat-Joseph Sauvage et s'inspirent des bas-reliefs contemporains du sculpteur Louis Félix de La Rue. L'acte de vente de 1772 mentionne à titre de créancier le peintre Dubois, un cousin auquel il serait tentant d'attribuer les scènes en camaïeu[4]. Comme une réponse à ce meuble, la collection Ephrussi compte plusieurs bas-reliefs en terre cuite dans un style comparable à ces remarquables imitations ainsi que quatre dessus-de-porte dans le goût de Sauvage. La spécificité du décor réduisait probablement le nombre d'acquéreurs potentiels et Dubois eut vraisemblablement recours à des marchands-merciers ainsi qu'à des annonces publicitaires[5] lui permettant notamment de toucher une importante clientèle étrangère. Celle-ci comptait, entre autres, le prince Kourakin, le prince de Hesse et le comte Stroganoff.

L'architecture de ce meuble n'est pas moins intéressante. La structure du piétement et plus particulièrement la volute raccordant le plateau au sommet du pied n'est pas sans rappeler un motif de bronze ornant deux paires de tables en consoles[6] également estampillées de Dubois. Ces consoles d'une richesse exceptionnelle, très probablement décrites dans l'inventaire de 1772[7], ont leurs plateaux soutenus à chaque extrémité par une volute plus ornée mais identique. Cette idée est à rapprocher d'un dessin d'un néoclassicisme très précoce de l'architecte Charles De Wailly (1730-1798), gravé en 1760[8] et représentant une table en console dont les côtés sont soutenus par un montant simplifié rattaché au piétement qui évoque à la fois les consoles Stroganoff et la table à jeu Ephrussi ∎

P. F. D

1. Voir page 189.
2. Les collections de la villa Ephrussi comptent en effet un petit secrétaire à gradin portant une fausse estampille de Riesener et un secrétaire à abattant, tous deux ornés de plaques de porcelaine et réalisés au XIXe siècle, ainsi qu'un secrétaire et une petite table circulaire avec leurs plaques ajoutées tardivement.
3. Vente du fonds de commerce en date du 12 juillet 1772, Arch.nat.,M.C.N., CXXII, 779. Le montant total de la vente s'élevait à la somme importante de 25 000 livres.
4. Alexandre Pradère, *Les ébénistes français de Louis XIV à la Révolution*, Paris, 1989, p. 295.
5. Citons la commode conservée à Waddesdon Manor (Angleterre) portant une inscription à l'encre « au petit Dunkerque », établissement dirigé par le marchand-mercier Granchez qui fit passer en 1772 une annonce publicitaire citée par A. Pradère, *op. cit.*, p. 296, se rapportant très probablement à un meuble de René Dubois.
6. Une paire faisait partie de collection Schlumberger, vente Monaco, Sotheby's, 26 et 27 février 1992, n° 50 ; l'autre paire était à la galerie Ségoura en 1986, illustrée dans Pradère, *op. cit.*, p. 301 ; deux de ces consoles faisaient partie de la collection Stroganoff dès la fin du XVIIIe siècle.
7. « *Deux tables en console richement garnies en ebenne non dorées, 1200 livres* ».
8. Publié dans *Ornemens des 17, 18 et 19e siècles,* 3e série, A. Morel et Cie Éditions, sans date ; il inspira également Prieur ou Louis dans un dessin de 1766 pour le palais de Varsovie reproduit dans S. Eriksen, *Early neo-classicism in France*, Londres, 1974, pl. 408.

SECRÉTAIRE DE PENTE À PANNEAUX PEINTS EN CAMAÏEU
René Dubois, Paris, vers 1770

Bâti en bois tendre et sapin, placage de bois de rose et amarante, les six panneaux peints en camaïeu vert ; l'abattant découvre quatre tiroirs incurvés (en chêne plaqué de bois de rose et amarante), deux cases et deux casiers à tablette coulissante (placage de bois de rose et amarante) ; l'intérieur du gradin tapissé de moire bleue.
Dimensions : haut. 119 cm ; larg. 66,5 cm ; prof. 42 cm.
Estampille : *I. DUBOIS* et *JME*.
René Dubois, ébéniste reçu maître en 1755.
Provenance : Ancienne Galerie L. Lévy, sa vente à Paris le 19 juin 1917, n° 207 (adjugé 39 600 FF).
Bibliographie : Comte François de Salverte, *Les ébénistes du XVIIIe siècle*, Paris, 1923, pl. XIX.
« Chefs-d'œuvre de la collection Ephrussi de Rothschild », *L'Estampille-l'objet d'art*, n° 227, juillet-août 1989, pp. 40-51.

Au sein des quelques meubles peints en camaïeu réalisés par René Dubois au début des années 1770[1], ce type de secrétaire de pente fait partie d'une petite série présentant des dimensions identiques et une architecture bien définie, soit un secrétaire surmonté d'une vitrine ouvrant à deux portes. Le secrétaire Ephrussi se caractérise par ses peintures en camaïeu de verts plus inhabituelles que les panneaux peints en différents tons de gris[2]. Mais les inventaires du XVIIIe siècle restent malheureusement imprécis sur la terminologie et parlent plus généralement de meubles « peints » avec des « tableaux » ou de meubles avec « peinture en bas relief »[3]. Le secrétaire de la villa Ile de France se distigue également par son placage de bois de rose et amarante qui le différencie notamment de celui de l'ancienne collection de madame de Beaumont[4], également estampillé Dubois, en camaïeu de beiges dans des encadrements et une structure entièrement peinte en vert et rehaussée d'or. L'acte de vente de l'atelier de Dubois en 1772[5] mentionne : « *Quatre autres secrétaires en pente a gaine peints en verd avec différents tableaux 1 200 livres* », ce qui conforte d'une part une datation de ces secrétaires vers 1770 et nous renseigne d'autre part sur leur valeur de l'époque. La somme élevée de 1 200 livres ramenant chaque secrétaire aux alentours de 300 livres réserve ces meubles à une clientèle fortunée et désireuse d'apparaître à la pointe de la mode. Béatrice Ephrussi ne put acquérir ce secrétaire avant 1917 ; ceci écarte l'hypothèse souvent évoquée, en l'absence de documents d'archives concernant la collection, d'un héritage de son père, Alphonse de Rothschild, l'un des plus importants collectionneurs de meubles français de sa génération. Vraisemblablement très marquée par le

Détail d'un panneau (côté gauche).

190. Les collections de Madame Ephrussi

décor de son enfance et les meubles qu'elle pouvait admirer aussi bien dans l'hôtel de la rue Saint-Florentin qu'au château de Ferrières, Béatrice Ephrussi les avait inévitablement à l'esprit lorsque qu'elle décida de s'entourer de meubles en porcelaine, notamment de son petit guéridon octogonal (page 184) qui lui rappelait sans doute celui, entièrement en porcelaine, que possédait son père[6]. Il est à cet égard intéressant de noter que le cousin de son père, Anthony de Rothschild (1810-1876), possédait le secrétaire de l'ancienne collection Beaumont et que Béatrice l'avait très probablement aperçu chez l'une de ses cousines, Constance ou Annie, de vingt ans plus âgées qu'elle ∎

P. F. D.

1. Voir page 187.
2. Pour un secrétaire en pente identique peint en camaïeu de gris et estampillé Dubois : vente Paris, Palais Galliera, 20 juin 1968, n° 88.
3. Arch. nat., M.C.N., Et.XCI, 1267 ; référence aimablement communiquée par Ch. Baulez.
4. Ancienne collection Anthony de Rothschild, vente Londres, 13 juin 1923, n° 60 ; puis ancienne collection Beaumont, vente Sotheby's, Monaco, 4 juin 1992, n° 15.
5. Arch. nat., M.C.N., Et.CXXII, 779, 12 juillet 1772.
6. Voir page 186, note 1.

SECRÉTAIRE EN PLACAGE D'ACAJOU FLAMMÉ
Attribué à Jean-Henri Riesener, Paris, vers 1785

Bâti de chêne avec les côtés en sapin, tiroirs en chêne plaqués d'acajou ; deux tiroirs et un abattant découvrant deux tablettes, quatre petits tiroirs et un casier ; bronze doré ; dessus de marbre blanc.
Dimensions : haut. 114,3 cm ; larg. 64,3 cm ; prof. 37,7 cm.
Bibliographie : O. Le Fuel, « L'extravagante villa-musée de la belle Madame Ephrussi », *Connaissance des Arts*, mars 1962, p. 82, ill. 13. « Chefs-d'œuvre de la collection Ephrussi de Rothschild », *L'Estampille-l'objet d'art*, n° 227, juillet-août 1989, pp. 40-51.

Ce type de secrétaire, décrit au XVIIIe siècle comme secrétaire en cabinet, reprend la forme générale du cabinet à multiples tiroirs et souvent en ébène, à la mode dans la seconde partie du XVIIe siècle, à laquelle on associe le principe de l'abattant. Le secrétaire Ephrussi fait partie d'un petit groupe d'une dizaine de meubles présentant des différences, tous estampillés ou attribuables à Riesener[1]. La principale variante de ce modèle est ornée d'un riche décor de bronze avec entrées de serrures à sphinges et chutes en consoles fleuries. La frise de sphinges évoque assez précisément les compositions du bronzier François Rémond et s'apparente à celle qui orne la table à écrire livrée par Daguerre en 1784 pour le cabinet intérieur de Marie-Antoinette à Saint-Cloud. Plus sobre dans son architecture, ce prototype ne possède ni tablette d'entrejambe, ni galerie de bronze doré. Des deux exemplaires connus, tous deux estampillés de Riesener, l'un appartenait jadis à la collection Eugène Kraemer[2] ; le second, vendu à Paris en 1983[3], s'en distingue uniquement par des sabots en bronze doré différents. Une deuxième variante, non estampillée, appartenait en 1963 à la collection Niarchos[4] ; elle présente elle aussi une plaque en bronze ciselé et doré à décor de frise d'enfants. Un troisième modèle, plus isolé, surprend par un décor de bronze doré très abondant : les côtés et la façade enrichis de guirlandes de fleurs, avec deux plaques supplémentaires à gauche et à droite[5]. Le secrétaire Ephrussi correspond à une quatrième variante dont il existe un autre exemplaire légèrement plus haut[6], au décor de bronze identique présentant la même homogénéité dans les chutes et poignées ornées de marguerites d'une part, et les entrées de serrures des tiroirs d'autre part ∎

P. F. D.

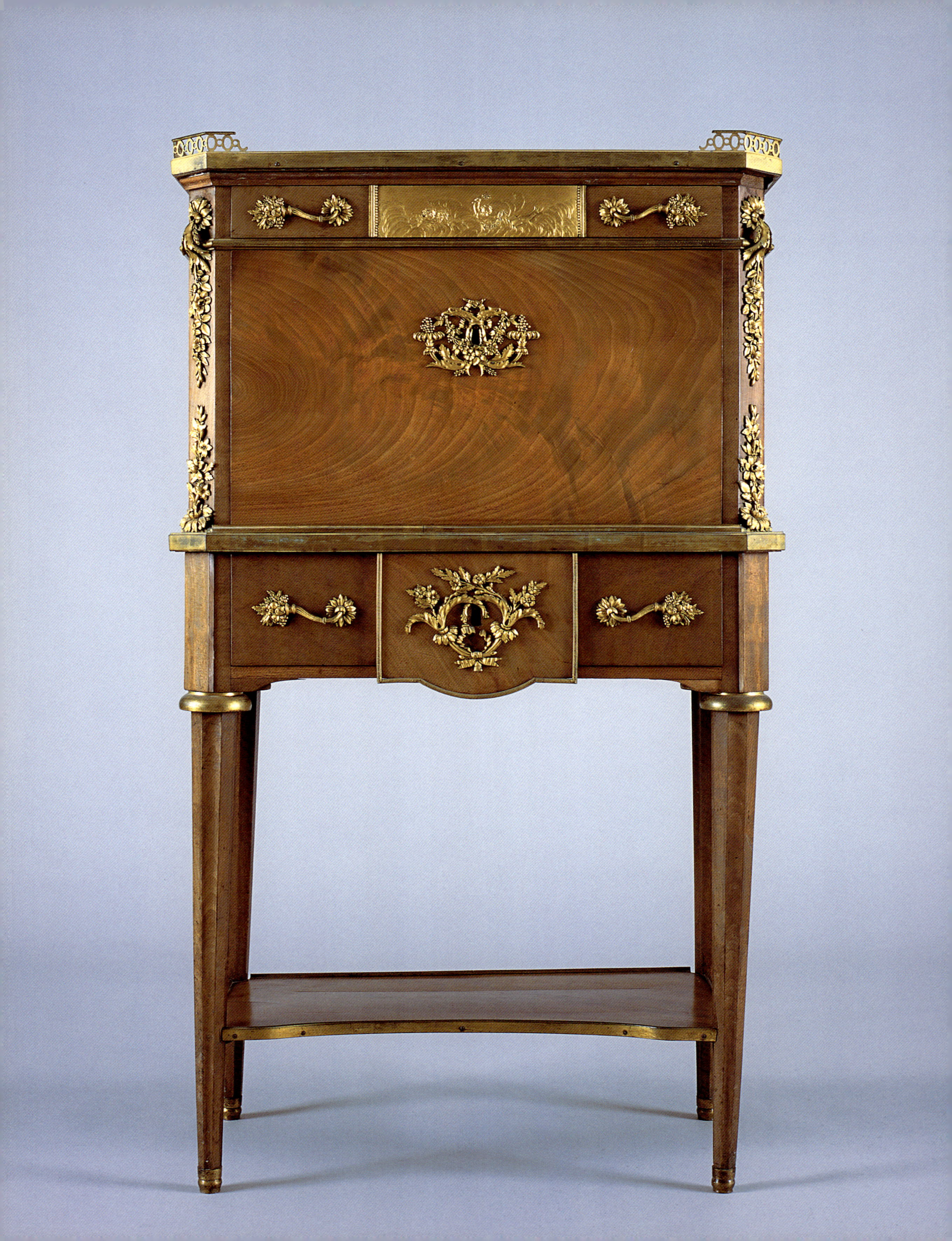

1. Jean-Henri Riesener, ébéniste reçu maître en 1768, fournisseur du garde-meuble royal de 1774 à 1785.
2. Sa vente à Paris, les 28 et 29 avril 1913, n° 169, puis Galerie Aaron, Paris, puis vente Christie's, New York, les 16 et 18 novembre 1999, n° 550 ; repr. dans *La Folie d'Artois*, Paris, 1988, p. 172.
3. Vente Paris, 15 mars 1983, n° 173, mentionné à tort comme celui de l'ancienne collection Eugène Kraemer.
4. Reproduit dans *Les ébénistes du XVIIIe siècle français*, Paris, 1963, p. 197 ; probablement celui vendu à Paris, Galerie Charpentier, le 14 juin 1955, n° 58.
5. Vente Paris, Étude Renaud, 31 mars 1987, n° 212, puis vente Paris, Étude Pescheteau-Badin, 21 juin 1999, n° 212.
6. Ancienne collection M. Rikoff, sa vente Paris, Galerie Georges-Petit, 4-7 décembre 1907, n° 304, puis ancienne collection Alice Tully, sa vente, Christie's, New York, 26-28 octobre 1994, n° 278, puis vente Christie's, Monaco, 13 décembre 1998, n° 439.

PENDULE À CERCLE TOURNANT
Paris, vers 1800

Bronze doré au mat, en deux tons jaune et rose ; représentant une bacchante et un satyre enlacés, reposant sur un socle dans lequel s'inscrit le cadran émaillé à chiffres romains, trace de fixation dans la main droite de la bacchante, manques.
Dimensions : haut. 56 cm.

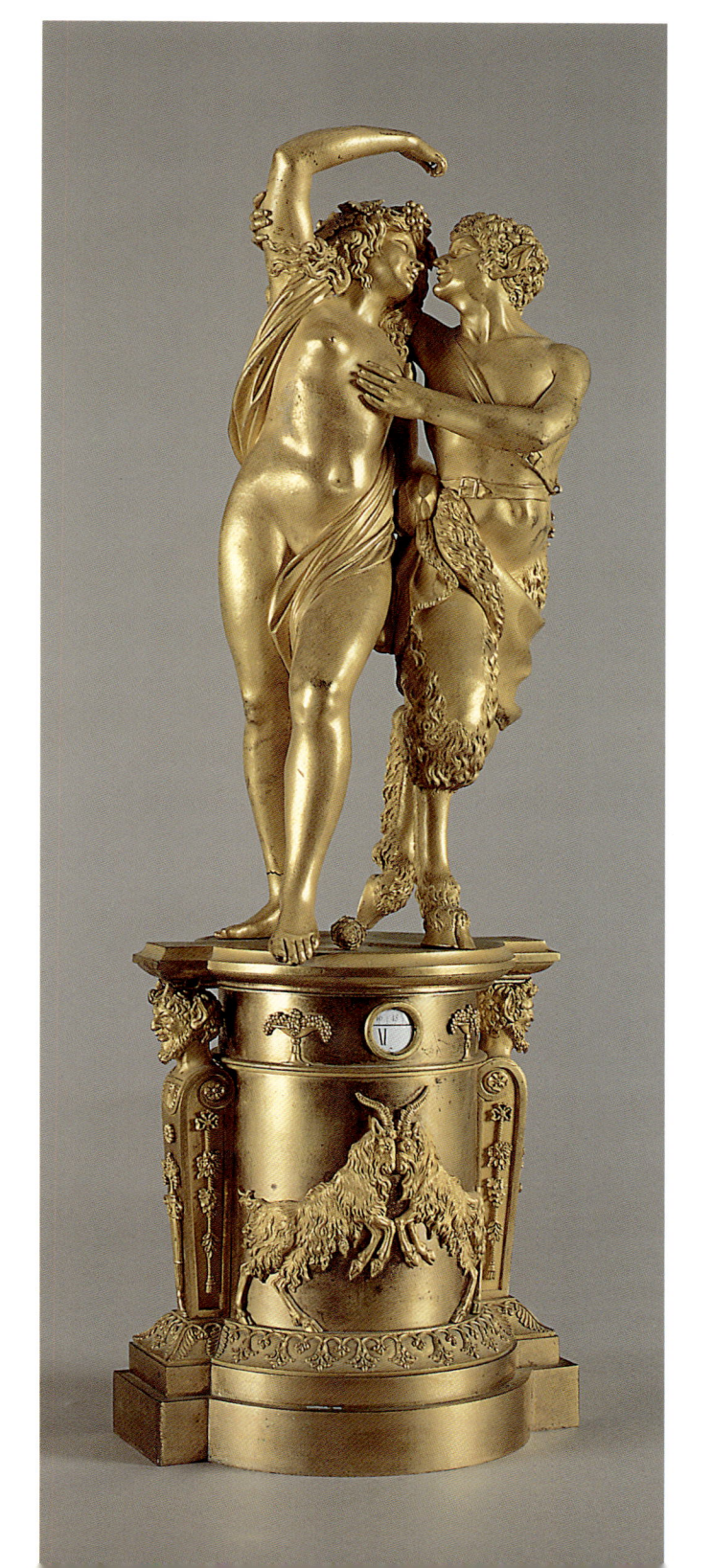

Le principe de la pendule à cercle tournant, permettant de lire l'heure sur un plan horizontal, ici au travers d'une lunette très discrète, se répand véritablement à partir des années 1770. L'un des premiers et plus fameux exemples est la pendule d'André-Charles Boulle représentant Atlas et Hercule soutenant la sphère terrestre[1], vers 1712 ; l'idée sera ensuite très peu reprise sous le règne de Louis XV. L'aspect utilitaire de la pendule est ainsi atténué au profit de la mise en valeur de l'objet d'art. Le mécanisme et le cadran, dissimulés dans le socle, viennent servir le modèle sculpté vraisemblablement emprunté à Clodion ou Marin. L'un comme l'autre affectionnaient les compositions mettant en scène satyres, faunes et bacchantes. D'un point de vue iconographique, le groupe semble devoir être interprété comme une bacchanale au cours de laquelle un satyre étreint une bacchante en esquissant quelques pas de danse. Une autre interprétation envisageable aurait été Antiope couronnant Zeus[2] (la couronne a aujourd'hui disparu) ; mais l'attitude lascive de la jeune femme, les raisins dans sa chevelure ainsi que l'attribut posé à terre, qui semble bien être un thyrse, associé à Bacchus, et non pas un foudre, emblème de Zeus, plaident pour la première solution. Les coupes remplies de raisin décorant le haut du socle viennent également justifier cette interprétation. Signalons enfin l'existence d'un groupe identique et de dimension comparable, les figures en bronze patiné, dont le socle est orné des mêmes figures de béliers affrontés[3], preuve que le sujet fut jugé suffisamment abouti en tant qu'objet strictement décoratif ∎

P. F. D

1. J. N. Ronfort, « André-Charles Boulle : die bronzearbeiten und seine Werkstatt im Louvre », in *Vergoldete Bronzen*, Munich, 1986, vol. II, p. 486, ill. 12.
2. Pour une pendule représentant Zeus et Antiope, voir P. Kjellberg, *La pendule française,* Paris, Éditions de l'Amateur, 1997, p. 254, ill. B.
3. Vente Paris, Palais Galliera, le 27 mars 1971, n° 70, puis vente Paris, Millon et associés, 18 juin 1997, n° 50.

PAIRE DE CHAISES EN BOIS DORÉ
Paris, vers 1780

Hêtre redoré et sculpté, recouvertes de soie.
Marques : sur les deux chaises à l'intérieur de la traverse arrière : marque au feu du château de Chanteloup.
Bibliographie : « Chefs-d'œuvre de la collection Ephrussi de Rothschild », *L'Estampille-l'objet d'art,* n° 227, juillet-août 1989, pp. 40-51.

Marque au feu du château de Chanteloup.

Ces chaises ornaient au XVIIIe siècle le château de Chanteloup près d'Amboise somptueuse demeure très richement meublée à l'époque du duc de Choiseul. Ministre des affaires étrangères sous Louis XV, ayant cessé de plaire, Choiseul fut condamné à quitter Paris en 1770. Retiré à Chanteloup, il y menait un train de vie fastueux, recevant les personnages les plus importants du royaume jusqu'à sa mort en 1785. Le château fut ensuite vendu avec l'ensemble de son mobilier au duc de Penthièvre, fils du comte de Toulouse, lui-même fils légitimé de Louis XIV. En plus de l'hôtel de Toulouse, Penthièvre possédait de nombreux domaines, tels que Anet, Sceaux, Chateauneuf ; les meubles y reçurent une marque distinctive frappée au feu et composée d'une ancre, insigne de sa charge de grand amiral, et d'initiales désignant chacun des châteaux. CP correspondait à Chanteloup, AT à Anet, SX à Sceaux et C9 pour Chateauneuf. Chanteloup disparu, ne subsiste plus que certains éléments de son mobilier dispersé à la Révolution. Plusieurs meubles très luxueux, trois sièges conservés au musée Carnavalet à Paris (ancienne collection Pomeranz), un bureau et son cartonnier aujourd'hui au musée de Tours ainsi que les inventaires préservés, donnent une idée précise de la magnificence de ses propriétaires. Ces deux chaises, vraisemblablement antérieures à 1785, semblent devoir être attribuées à l'ameublement Choiseul ; leur style aussi bien que la sobriété de leur modèle ne permet cependant pas de les dater avec une grande précision. Il ne s'agit pas, à l'évidence de chaises de salle à manger, l'assise basse désignant plus volontiers l'une des innombrables chambres que comptait Chanteloup ∎

P. F. D

Les collections de Madame Ephrussi. **195**

SUITE DE HUIT FAUTEUILS ET DEUX CANAPÉS EN BOIS PEINT ET DORÉ
Nicolas ou Antoine Parmantier, Lyon, vers 1780-1800

En hêtre repeint et redoré (traces de peinture grise en dessous) ; les dossiers plats garnis à châssis, les assises garnies en plein autrefois à châssis, recouverts de soie brodée du XIXe siècle.
Estampille : *PARMANTIERALYON* (à l'intérieur de la traverse arrière). Nicolas Parmantier, menuisier reçu maître à Lyon en 1768[1].
Marques : numérotés de 1 à 8 au pochoir et au crayon, étiquettes anciennes.
Bibliographie : « Chefs-d'œuvre de la collection Ephrussi de Rothschild », *L'Estampille-l'objet d'art*, n° 227, juillet-août 1989, pp. 40-51.

Les numéros retrouvés sous les fauteuils nous renseignent sur l'importance de ce mobilier qui semble avoir été conservé dans son intégralité. De grande taille et encombrants, ces sièges étaient plus destinés à orner les murs d'une pièce qu'à un usage quotidien. De belle qualité, leur facture provinciale se traduit par une massivité générale que l'on ne trouve pas à Paris à la même époque sur des sièges comparables.

La redorure ancienne, difficile à dater mais sous laquelle on peut distinguer une peinture grise plus conforme à l'effet attendu, leur donne un aspect très luxueux qui ne correspond vraisemblablement pas à l'esprit dans lequel ils ont été réalisés. Succédant à son père Nicolas à une date indéterminée et ayant utilisé tous les deux la même estampille, il est aujourd'hui difficile de distinguer la production d'Antoine Parmantier. Celle-ci semble cependant plus abondante que celle de Nicolas, qui, reçu maître à Lyon en 1768, dut, au moins dans les dix premières années de son activité, largement s'illustrer dans le style Louis XV. Il est à cet égard intéressant de constater le très faible nombre de sièges répertoriés pour cette période. On relève en revanche plusieurs exemplaires caractéristiques du premier quart du XIXe siècle qu'il convient d'attribuer à Antoine Parmantier (actif au moins jusqu'en 1815). Les retards dans l'adoption des styles parisiens ne permettent pas de trancher définitivement sur la paternité de cet ensemble réalisé dans les dernières années du XVIIIe siècle, à une époque où Nicolas (1736-1801) achevait sa carrière et Antoine (né en 1772) la débutait. Il est d'autre part surprenant de retrouver, en 1924, dans une vente publique anonyme qui s'avère devoir être attribuée à madame Ephrussi, quatre fauteuils et un canapé de cet ensemble restés invendus[2]. L'idée de vendre une partie seulement d'un tel mobilier peut surprendre. Un regard de collectionneur perçoit avec difficulté les raisons de cette attitude sans doute dictée par un caractère très impulsif[3]. ∎

P. F. D

1. D. Ledoux-Lebard, *Les ébénistes du XIXe siècle,* Paris, Éditions de l'Amateur, 1988.
2. Vente Paris, Galerie Georges Petit, 26 juin 1924, n° 66.
3. Certains témoignages décrivent une attitude comparable dans les achats de Béatrice Ephrussi.

LA TÊTE ENCHANTÉE
DON QUICHOTTE CHEZ LES FILLES DE L'HÔTELLERIE

Tapisseries de l'Histoire de Don Quichotte
Manufacture des Gobelins, vers 1790-1795

Laine et soie, haute lisse.
Dimensions : haut. 275 cm ; larg. 271 cm (réduites).

La suite de l'Histoire de Don Quichotte fut exécutée en tapisserie d'après les tableaux de Charles Coypel[1] réalisés entre 1714 et 1734. Chacune des peintures constitue la partie centrale d'une tapisserie dont l'entourage purement ornemental évoluera dans le courant du XVIIIe siècle. Elles illustrent les mésaventures de Don Quichotte d'après l'ouvrage de Miguel de Cervantes[2] publié en Espagne au début du XVIIe siècle. Le récit rapporte les péripéties d'un gentilhomme rêveur, chevalier errant accompagné de son serviteur Sancho, ayant comme idéal de vie la réparation des injustices. L'épisode de l'hôtellerie se situe au début du livre, au chapitre II. Don Quichotte arrive dans une auberge qu'il prend pour un château : l'aubergiste, confondu avec le seigneur des lieux, l'accueille et dresse une table devant sa porte. Don Quichotte s'y restaure sans quitter son heaume, au grand amusement de filles publiques dont une l'aide à boire à travers un roseau. Le passage de la tête enchantée se trouve quant à lui à la fin du roman (chapitre LXII) : par un ingénieux stratagème, Don Antonio Moreno fait croire à Don Quichotte qu'il possède une tête capable de répondre aux questions ; démonstration lui en est faite grâce à la complicité de quelques amis. Les deux scènes ont été librement interprétées par Coypel qui ajoute plusieurs personnages à la scène mais reste assez fidèle au texte de Cervantes, lequel décrit notamment une table vernie à l'imitation du jaspe et terminée par des griffes d'aigle. La scène de la consultation de la tête enchantée est délibérément actualisée et adaptée pour devenir l'occasion d'une description d'un intérieur richement orné d'œuvres d'art : peintures, sculptures, meubles. L'action est transposée durant le premier quart du XVIIIe siècle dans un salon tendu de bleu : on peut y reconnaître une Ariane endormie au fond et une paire de bustes d'après l'antique. Par rapport au carton de Coypel, la tapisserie montre une version élargie de la scène qui permit d'ajouter au décor le régulateur de parquet à droite et le buste de gauche.

Coypel s'est ici inspiré de meubles qui lui appartenaient ; il est intéressant de noter, dans sa vente après décès en 1753, la mention de plusieurs sculptures, notamment de bustes en marbre et plus précisément d'une Ariane endormie[3]. L'un des seuls meubles de la vente est un régulateur réalisé par Meissonnier et identifié par P. Fuhring ; sa forme « en lyre » et sa structure générale évoquent de façon assez précise la partie droite de la composition[4].

Les deux tapisseries appartiennent à la neuvième tenture[5]. Les deux tableaux donnant l'illusion d'une toile encadrée, sont associés à un nouvel alentour de guirlandes de fleurs sur un fond damassé jaune inventé par Louis Tessier en 1776. Cette tenture marque une double simplification : dans la conception, avec le recours à de simples guirlandes de fleurs focalisant le regard sur la partie centrale ; dans la réalisation, le tableau et l'alentour étaient dorénavant exécutés séparément. Aux Gobelins, les ateliers, en l'occurrence ceux de Audran et de Cozette, tissaient d'une part la scène elle-même et d'autre part la bordure du tableau et l'alentour qui

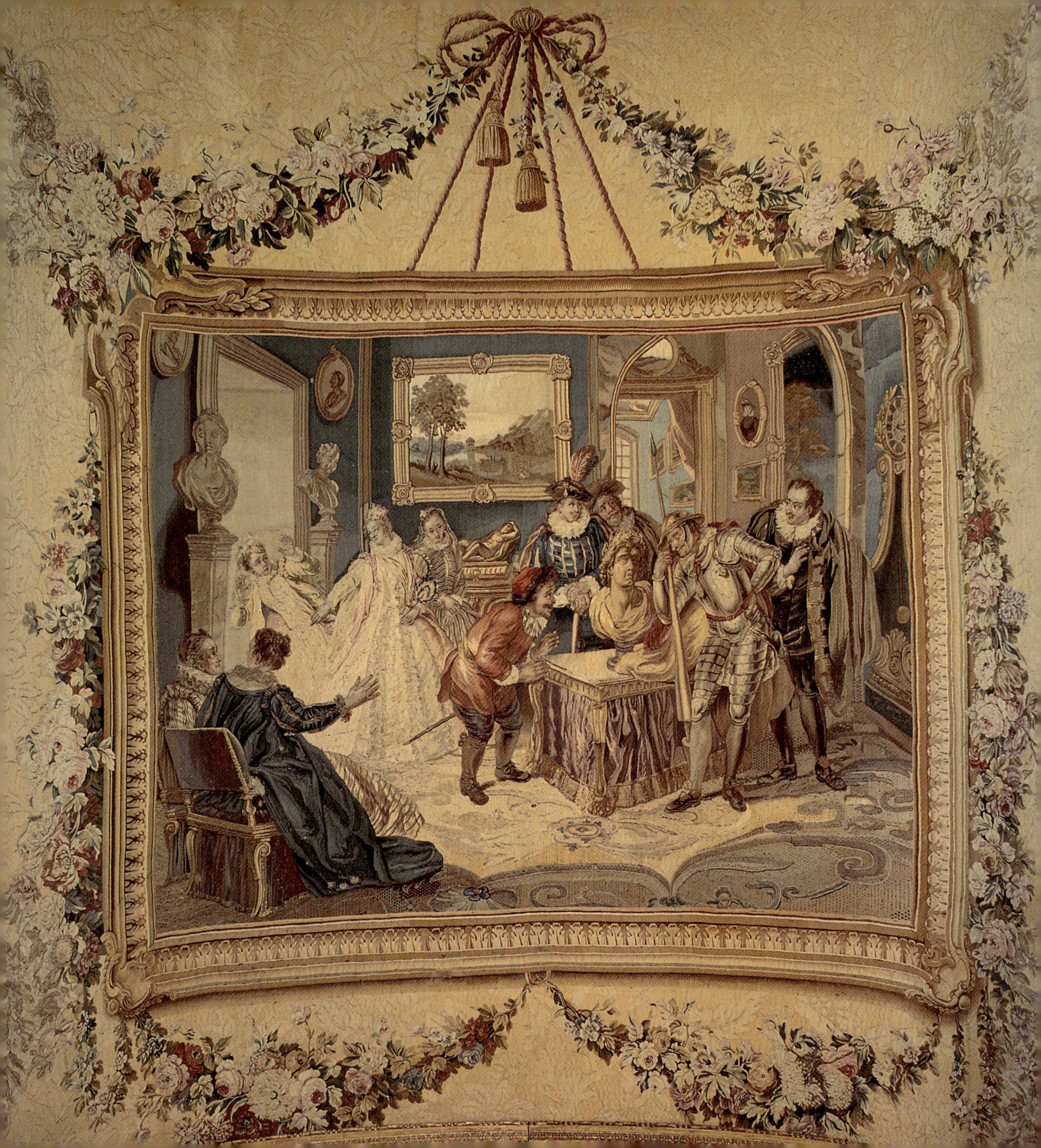

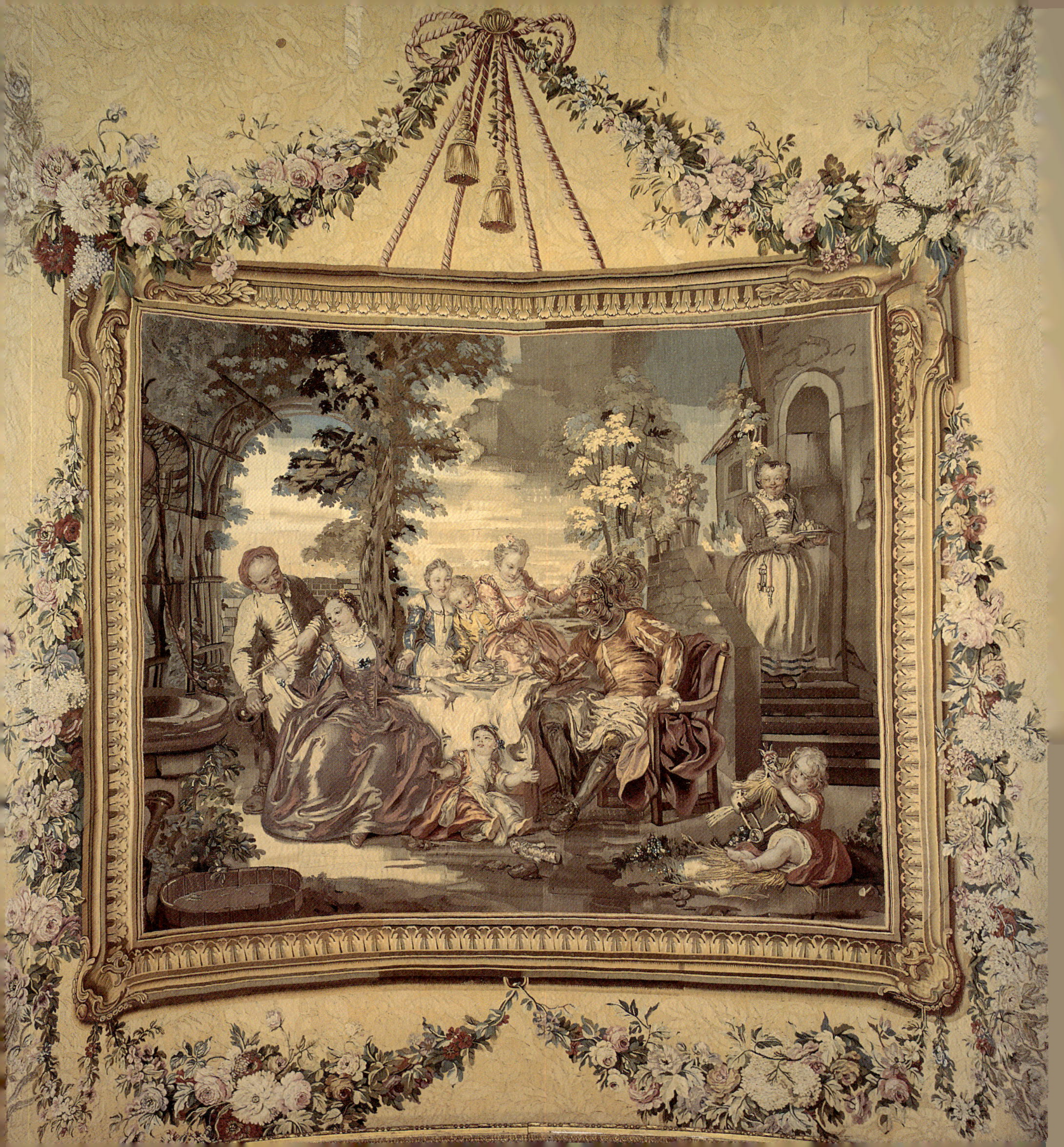

étaient ensuite ajustés ensemble par le tapissier rentrayeur Vavoque. Ce procédé contribuait à diminuer de façon considérable les coûts de fabrication. Il est tentant, à la suite des recherches de Maurice Fenaille, de rapprocher *La tête enchantée* de la tapisserie achevée par l'atelier de Jean Audran[6] le 23 mai 1781, et *Don Quichotte chez les filles de l'hôtellerie* de celle sortie de l'atelier de Pierre François Cozette le 23 décembre 1782, chacune pour un prix d'environ quatre mille livres. Cependant une note en marge des comptes de la manufacture indique que ces tableaux furent finalement utilisés pour la tenture destinée au baron de Breteuil. Il s'agit plus probablement[7] des tableaux inventoriés « sur métier » en 1792 dans l'atelier de Audran[8], sur lesquels ont été ajustés une fois achevés les mêmes alentours que ceux réalisés pour le baron de Breteuil dont les dimensions correspondent à nos tapisseries. De plus petites dimensions pour convenir à la hauteur sous plafond du salon du château de Dangu auquel ils étaient destinés, les alentours de Tessier furent adaptés et complétés en 1786 par le peintre Lovinfosse. Il conçut à cette occasion deux autres compositions pour de petites tapisseries plus étroites représentant Don Quichotte et Sancho en grisaille, ainsi que le modèle représentant un vase sur une console dont la collection Ephrussi conserve un exemplaire. Ces alentours, si importants pour les identifications, donnaient leur unité aux différents tableaux sans véritables liens les uns avec les autres. Le texte de Cervantes, par sa fantaisie et son découpage en de nombreux épisodes indépendants, le permettait et rendait possible certains choix et associations au sein des différentes tentures. Les six alentours qui se succédèrent, comme autant de remises au goût du jour de la tenture de Don Quichotte, permirent l'extraordinaire longévité des modèles conçus par Coypel dès 1714 et toujours réalisés pendant la Révolution ■   P. F. D

1. Vingt-quatre des vingt-huit tableaux peints par Coypel sont aujourd'hui conservés au musée national du château de Compiègne. Le vingt-huitième tableau représentant *Don Quichotte chez les filles de l'hôtellerie*, ajouté tardivement à la série, est aujourd'hui perdu.
2. M. de Cervantes, *L'ingénieux hidalgo Don Quichotte de la Manche*, Paris, 1997.
3. Vente après décès de Charles Coyel en 1753 : buste de femme au diadème (n° 191), buste de jeune faune (n° 193), buste d'un jeune romain (n° 192), Ariane endormie (n° 177).
4. P. Fuhring, *Juste-Aurèle Meissonnier*, Paris, 1999, vol. II, n° 13, pp. 173-180, ill., identifié par l'auteur avec le n° 579 de la vente Coypel, *op. cit.*
5. M. Fenaille, *État général des tapisseries de la manufacture des Gobelins depuis son origine jusqu'à nos jours 1600-1900*, Paris, 1903-1923, vol. III, pp. 267-274, pour les informations tirées des archives de la manufacture des Gobelins.
6. Jean Audran succède à son père Michel à la tête de son atelier en 1771.
7. Si l'on retient l'hypothèse d'une confusion entre *Don Quichotte et les filles de l'hôtellerie* et *Don Quichotte servi par les dames*.
8. Cités par Fenaille, *op. cit.*, vol. III, p. 274.

Charles Coypel, La tête enchantée, *huile sur toile. Château de Compiègne.*

Sculptures

par Ulrike Christina Goetz

LE TRIOMPHE DE TERPSICHORE
Félix Lecomte (1737-1817), vers 1770

Bas-relief en terre cuite, signé *Lecomte* et daté *1770*.
Dimensions : haut. 31 cm ; larg. 102 cm.
Bibliographie : *Clodion (1738-1814)*, cat. expo., Paris, musée du Louvre, 1992, p. 43, fig. 19 (ill.).
M. Gallet, *Ledoux*, Paris, 1980, pp. 84ss.
D. Rabreau, « La sculpture considérée sous le rapport de l'architecture selon Claude-Nicolas Ledoux », in *Clodion et la sculpture française de la fin du XVIIIe siècle*, Actes du Colloque, musée du Louvre, 20 et 21 mars 1992, Paris, 1993, pp. 451-484.
J. E. Tissier, « Félix Lecomte illustrateur de ses œuvres », in *Actes du Colloque Augustin Pajou*, Paris, 1997.
Ibid., « Félix Lecomte, «La carrière sous Louis XV d'un sculpteur aujourd'hui méconnu» », in *Paris, capitale des arts sous Louis XV, Annales du Centre Ledoux*, Univ. Paris I, t. I, 1997.

Ce relief en terre cuite fut exposé par Lecomte au Salon de 1771, et décrit sous le n° 271 de la façon suivante : « *Autre esquisse : le Triomphe de Terpsicore. Elle pince de la Harpe assise sur un char traîné par les Amours, avec des guirlandes de fleurs ; des Bacchantes précèdent la marche en dansant ; les Grâces & la Musique, inséparables de la Danse, marchent sur les traces ; deux Satyres, par leur action, désignent la Danse de caractère. Ce bas-relief est exécuté à la maison de Mademoiselle Guimard. Il a 22 pieds.* »
Il s'agit ici du modèle pour la frise en pierre destinée à orner l'hôtel de la célèbre danseuse de l'Opéra, Mademoiselle Guimard, au n° 5 de la Chaussée-d'Antin. Le pavillon fut réalisé entre 1770 et 1772 par l'architecte Claude-Nicolas Ledoux (1756-1806), vraisemblablement selon la commande de Jean-Benjamin de La Borde et de l'évêque d'Orléans, Mgr. de Jarente, les protecteurs les plus généreux de la danseuse. En hommage à sa propriétaire, l'architecte choisit de consacrer tout le décor à *Terpsichore*, déesse de la Danse et de la Poésie. Née à Paris en 1743, Marie-Madeleine Guimard n'était pas célèbre pour sa beauté, mais les mouvements gracieux et sa danse à pas « esquissés » rencontrèrent un grand succès et eurent une grande influence sur l'évolution de l'art de la chorégraphie. Ledoux commença les travaux en 1770, rassemblant toute une équipe d'entrepreneurs et artistes sous sa direction dont Fragonard, David et Taraval, chargé de la peinture du plafond dans le grand salon et Félix Lecomte s'occupant du décor sculpté. Comme le montre la gravure (p. 203), Lecomte sculpta un groupe représentant *Terpsichore couronnée par Apollon* pour orner la lunette du péristyle. La frise du triomphe, en partie cachée par les colonnes, s'étalait sur presque toute la largeur de la façade au-dessus des portes. La description de Thiéry dans son *Almanach du voyageur à Paris* (1784, p. 239) nous donne une image assez précise de l'ensemble : « *Tout auprès de cet Hôtel, est une Maison, Chaussée-d'Antin, bâtie par le même Architecte [M. Le Doux, Architecte du Roi], pour Mlle Guimard, célèbre Danseuse de l'Opéra. Cette Maison représente le Temple de Terpsicore, Déesse de la Danse, & est un petit chef-d'œuvre, tant par son élégance que par sa distribution. Le Porche est décoré de quatre colonnes, au-dessus desquelles est un charmant groupe isolé, en pierre de Conflans, représentant Terpsicore couronnée sur la terre par Apollon. Les Figures ont six pieds de proportion, & sont de M. le Comte, Sculpteur du Roi, qui a aussi exécuté, dans le cul-de-four, derrière les colonnes, un délicieux bas-relief de vingt-deux pieds de long sur quatre pieds de haut, de forme circulaire, où cet habile Artiste a représenté le triomphe de Terpsicore. Cette Nymphe est sur un char, traîné par les Amours : des Bacchantes précèdent la marche ; les Grâces inséparables de la Danse, accompagnées de la Musique, suivent le char. Deux Faunes*

jouant des cymbales, indiquent, par leur mouvement, la Danse de caractère. »

Diderot, dans ses commentaires du Salon, critique quelques détails de la composition, tels la position assise de Terpsichore et l'enlacement des corps des trois grâces, tout en louant le génie du sculpteur : « *Il y a assurément beaucoup de génie dans la composition de ce morceau, elle est très agréablement ordonnée. Je ne puis cependant m'empêcher de croire que Terpsichore n'eût été mieux debout qu'assise, car je ne pense pas qu'aucun talent d'exercice puisse se caractériser par une figure assise. M. Lecomte peut m'objecter qu'elle pince la harpe.* […] *Vous allez, Monsieur, trouver que je suis difficile, mais je vous ai promis de vous dire naïvement mon sentiment. J'aime la vérité. Si je vous instruis de ce que je trouve de beau, pourquoi vous cacherais-je le faible ? J'observe encore que la seconde des trois Grâces, et qui se présente de face, ne peut avoir en marchant la cuisse et la jambe dedans* […]. *Il faut donc pour que cette Grâce ait des grâces en marchant, que son genou, une partie de sa cuisse et sa jambe soient de ronde-bosse, sans quoi la figure est tortillée et porte à faux.* […] *Toutes ces réflexions n'empêcheront point que ce bas-relief ne soit un très joli bas-relief.* »[1]

Né en 1737 à Paris, Félix Lecomte fut l'élève d'Étienne-Maurice Falconet (1716-1791) et de Louis-Claude Vassé (1716-1772). Il fut agréé à l'Académie royale en 1771 avec son morceau de réception en marbre, *Œdipe et Phorbas* (musée du Louvre). Outre l'hôtel Guimard, Ledoux commanda au sculpteur le décor de plusieurs de ses constructions, tel le portail monumental de l'hôtel d'Uzès et le pavillon de Louveciennes de Madame du Barry. Il exécuta aussi des statues pour l'hôtel des Monnaies et le palais de Justice, des dessus-de-porte en marbre pour le château de La Roche-Guyon, et termina en 1774 le mausolée du roi Stanislas – laissé inachevé par Vassé –, dans l'église de Bon-Secours à Nancy.

Contrairement à son contemporain Clodion avec lequel il travailla à Rome entre 1761 et 1768 et qui traite ses reliefs plus en ronde bosse, Lecomte se distingue par un style très linéaire. L'artiste semble « dessiner » ses terres cuites en creusant un trait dans l'argile encore humide pour créer la composition.

Que sait-on de la collaboration entre l'architecte et le sculpteur, Ledoux et Lecomte ? Est-ce le sculpteur qui invente sa composition ou lui est-elle imposée par l'architecte ? Les recherches approfondies de Daniel Rabreau[2] apportent quelques précisions à ce sujet. On sait que Ledoux, dans ses chantiers, travaillait avec de nombreux sculpteurs célèbres comme Clodion, Michel, Moitte, Pajou, Lecomte et Vassé, mais ce sont notamment Moitte et Lecomte qui occupent une place privilégiée dans ses projets d'architecture : « *Ses partenaires les plus fameux et permanents sont Félix Lecomte et Jean Guillaume Moitte.* [...] *Si l'on excepte Vassé et*

Deux gravures de l'hôtel de Mlle Guimard par Ledoux (élévation principale et détail de la frise sous le porche, BnF, Paris).

Pajou, dont les œuvres ne sont qu'incorporées à l'architecture de Ledoux, [...] les autres programmes de sculpture connus n'existent manifestement qu'en fonction d'un dessein profondément mûri par Ledoux. [...] Enfin, pour Mlle Guimard, nouvelle muse de la danse, Lecomte avait sculpté son triomphe en bas-relief longiforme et un magnifique groupe représentant Apollon couronnant la déesse sur terre. L'architecture s'est ici soumise à la dramaturgie sculptée[3] ∎

U. C. G

1. D. Diderot, *Salons IV, Héros et martyrs. Salons de 1769, 1771, 1775, 1781*, rééd., Paris, 1995, pp. 239-249.
2. D. Rabreau, « La sculpture considérée sous le rapport de l'architecture selon Claude-Nicolas Ledoux », in *Clodion et la sculpture française de la fin du XVIIIe siècle*, Actes du Colloque, musée du Louvre, 20 et 21 mars 1992, Paris, 1993, pp. 451-484.
3. *Ibid.*, pp. 451-464.

LE SAUTE-MOUTON ET LE CERCEAU
Attribués à l'entourage d'Antoine-François Gérard (1760-1843)
d'après les dessins de Jean-Guillaume Moitte (1746-1810)

Paire de bas-reliefs en terre cuite.
Dimensions : haut. 15,7 cm et 37,3 cm.
Bibliographie : G. Gramaccini, *Jean-Guillaume Moitte (1746-1810). Leben und Werk*, Berlin, 1993, n° 108.
E. Lami, *Dictionnaire des sculpteurs de l'École Française au dix-neuvième siècle*, Paris, 1919, pp. 50-52.
A. Poulet, G. Scherf, *Clodion (1738-1814)*, cat. expo., Paris, musée du Louvre, 1992, p. 386, n° 85-86.

Ce sont les dessins de son maître Jean-Guillaume Moitte, signés et datés 1785[1], qui ont servi de modèle au sculpteur Antoine-François Gérard pour réaliser des reliefs en cire représentant des jeux bachiques antiques[2]. Les terres cuites de la Villa Ephrussi reprennent fidèlement les compositions des cires du Louvre. Souvent considérées comme œuvres de Clodion, l'attribution des cires au sculpteur Gérard apparaît déjà dans le catalogue de vente après décès de Mme Moitte, épouse du sculpteur (Paris, 20-21 septembre 1807, lot 59) : « *les Jeux du cerceau et du Coupe-Tête, sujets de Bacchanales, précieusement exécutés en cire ; par M. Gérard, d'après les Dessins de M. Moitte* ». Une comparaison stylistique entre ces reliefs et d'autres œuvres connues de l'artiste, comme le médaillon en cire représentant un *Sacrifice à l'Amour* (musée Fabre, Montpellier), confirment cette attribution. L'artiste a très fidèlement copié les dessins pour réaliser les cires et plusieurs versions en sont connues aujourd'hui, dont un relief au musée de Cleveland, une paire à l'Ermitage à Saint-Pétersbourg, un au British museum à Londres et un dernier à New Haven, à la Yale University Gallery[3].

Les versions en terre cuite sont plus rares : un bas-relief est mentionné dans la collection du baron Jérôme Pichon, petit-fils de Brongniart, vendue à Paris en 1897 (29 mars-10 avril, sous le n° 1000), il fut décrit de la

Le Saute-mouton et *le Cerceau,* par Jean-Guillaume Moitte (1746-1810), deux dessins à la plume, encre noire et sépia avec lavis et rehauts de blanc sur papier beige pâle, haut. (chaque) 0,34 cm ; L. 0,56 cm, Paris, musée des Arts décoratifs.

façon suivante : « *Bas-relief rectangulaire en terre cuite : nymphes et amours jouant du saut de mouton. Epoque Louis XVI* » vendu 65 livres. Un deuxième relief en terre cuite, attribué à Clodion, est conservé dans une collection privée en France. Il est difficile d'identifier l'auteur de ces terres cuites ; on peut penser qu'elles sont l'œuvre d'un sculpteur ayant travaillé dans l'entourage de Gérard, et furent réalisées à la fin du XVIIIe ou au début du XIXe siècle. Élève de Moitte, Antoine-François Gérard reçut en 1789 le premier prix de sculpture avec son *Brutus condamnant son fils à mort*. Il partit pour Rome en 1789 comme pensionnaire de l'Académie de France. De retour dans son pays en 1793, il obtint des commandes importantes sous l'Empire : il collabora à la réalisation des bas-reliefs de la colonne de la place Vendôme et à la décoration de l'arc de triomphe du Carrousel. Sous la Restauration, il obtint des commandes pour la Madeleine, le piédestal de la fontaine de la place de la Bastille, le décor de la Cour carrée du Louvre et des statues sur la façade du Palais-Royal ■ *U. C. G*

1. Les dessins sont conservés au musée des Arts décoratifs de Paris.
2. Les cires sont conservées au musée du Louvre, inv. OA 6074 et OA 6075.
3. *Clodion (1738-1814),* cat. expo., Paris, musée du Louvre, 1992, p. 386, n° 85-86.

JEUNE FILLE AUX DEUX COLOMBES
Joseph-Charles Marin (1759-1834)

Terre cuite, non signée, vers 1791.
Dimensions : haut. 29 cm, sur un socle en marbre gris.
Provenance : Vraisemblablement celle de la vente Boitelle, Paris, 13 mars 1891, n° 48.
Collection E. Strauss, vente Paris, Galerie Georges-Petit, 3-4 juin 1929, n° 94 (ill.).
Bibliographie : A. Poulet, G. Scherf, *Clodion (1738-1814)*, cat. expo., Paris, musée du Louvre, 1992, pp. 406-407, fig. 221.
Skulptur aus dem Louvre. Sculptures françaises néoclassiques 1760-1830, cat. expo., Paris, musée du Louvre, 1990, pp. 128, fig. A.

Considéré comme l'élève le plus talentueux de Clodion (1760-1830), Joseph-Charles Marin resta dans l'ombre de son maître sous l'Ancien Régime, n'obtenant aucun prix de sculpture malgré ses participations aux concours. La Révolution lui apporta la liberté d'exposer dès le Salon de 1791, et lui permit d'obtenir quelques responsabilités, quand Clodion s'exila en Lorraine.

C'est au Salon de 1793 que Marin exposa une *Jeune fille habillée en Grecque portant une colombe,* signée et datée 1791 (haut. 47 cm), aujourd'hui au musée du Louvre[1]. Ce sujet a été traité à plusieurs reprises au XVIIIe siècle, et l'artiste s'est vraisemblablement inspiré d'une *Jeune fille tenant deux colombes* de Clodion pour réaliser cette terre cuite[2]. L'iconographie est celle de l'Innocence face à l'Amour, personnifié par les colombes, témoignant d'un certain érotisme caché, comme on le trouve dans l'œuvre du peintre Greuze.

Marin se distingue de son maître par l'attention particulière portée aux détails, qu'illustre parfaitement notre statuette, d'une qualité superbe. Cette virtuosité s'exprime dans la finesse des traits du visage et le rendu du vêtement à l'antique qui souligne les formes du corps par de longs plis parallèles contrastant avec les parties lisses de la chair. Un souci particulier est prêté à la coiffure : la tête est enserrée de plusieurs rangs de ruban d'où sortent des mèches aux boucles ondulées, attachées en un chignon dans la nuque et tombant de chaque côté sur les oreilles et jusqu'aux épaules. Cette coiffure est presque identique à celle de la *Jeune fille à la colombe* du Louvre, ainsi qu'à celle de la *Maternité* de Marin au musée de Detroit[3] ■

U. C. G

1. Musée du Louvre, inv. R.F. 1683, *cf.* cat. expo. *Clodion*, 1992, n° 94, pp. 406-407.
2. *Ibid.*, fig. 156.
3. *Ibid.*, fig. 222.

VESTALE À LA CORBEILLE DE FLEURS
Joseph-Charles Marin (1759-1834)

Terre cuite patinée, signée et datée *Marin 17…*
Dimensions : haut. 33 cm.
Provenance :
Collection E. Strauss, vente Galerie Georges-Petit, 3-4 juin 1929, lot 93, achetée 43 000 FF.

Une jeune femme, vêtue à l'antique d'une longue robe plissée et coiffée d'un voile surmonté d'une couronne, apporte une corbeille remplie de fleurs. À son côté, un cippe orné de reliefs sur lequel sont posées une guirlande de fleurs et une petite coupe.

Le sujet présenté ici est *L'Offrande à l'Amour*, personnifié par Vesta, prêtresse voilée, vouée à la chasteté et chargée d'entretenir le feu sacré. Le cippe, « l'autel de l'Amour », est orné d'une scène d'offrande en relief afin de souligner le thème. Pour ce décor, Marin a puisé dans le répertoire iconographique de son maître Clodion (1738-1814) qui a traité ce thème à plusieurs reprises, comme le prouve le relief du *Sacrifice de l'Amour* en marbre du musée des Arts décoratifs[1]. On ignore la source précise de cette iconographie, Clodion

206. Les collections de Madame Ephrussi

Les collections de Madame Ephrussi. **207**

208. Les collections de Madame Ephrussi

ayant vraisemblablement été influencé par les reliefs antiques qu'il avait pu voir lors de son voyage à Rome[2]. On connaît une version en plâtre de notre statuette, signée *C. Marin* et datée *1790*, provenant de la collection Dubois-Chefdebien[3], où une amphore renversée surmonte la colonne. Un autre exemplaire de mêmes dimensions, en terre cuite, non signé, est passé en vente à Paris (Drouot) le 13 mai 1947 ∎

U. C. G

1. Inv. GR. 162 ; voir A. Poulet, G. Scherf, *Clodion (1738-1814)*, cat. expo., Paris, musée du Louvre, 1992, pp. 157-161, n° 23.
2. Ces reliefs sont reproduits dans *Le Pitture antiche d'Ercolano*, t. IV, p. 69, et dans les *Griffonis de Saint-Non*, 1763, pl. 104 ; voir A. Poulet, G. Scherf, *Clodion (1738-1814)*, cat. expo., Paris, musée du Louvre, 1992, pp. 157-161, n° 23.
3. *Joseph-Charles Marin (1759-1834), sculpteur*, cat. expo., Paris, galerie Patrice Bellanger, 1992, pp. 46-47, n° 12.

LE TRIOMPHE DE GALATÉE
D'après Claude Michel, dit Clodion (1738-1814)

Terre cuite portant la signature CLODION.
Dimensions : haut. 31 cm ; larg. 147,5 cm.
Bibliographie :
A. Poulet, G. Scherf, *Clodion (1738-1814)*, cat. expo., Paris, musée du Louvre, 1992, pp. 180-187, n° 29-33.
G. Scherf, « Autour de Clodion : variations, répétitions, imitations », *Revue du Louvre,* n° 91, 1991, pp. 47-57.

Ce relief est la réduction de la frise qui ornait jadis l'hôtel Bouret de Vézelay (appelé aussi l'hôtel de Sainte-Foy). Construit en 1775 par Alexandre-Théodore Brongniart au 8, rue Basse-du-Rempart, dans le quartier de la Chaussée-d'Antin, l'hôtel fut détruit en 1858 au moment des aménagements d'Haussmann autour de l'Opéra. Seules une aquarelle[1] et des gravures témoignent de l'architecture : la façade donnant sur la rue était ornée de deux bas-reliefs de Clodion représentant les *Allégories des Arts* (aujourd'hui au musée de Cherbourg), et une grande frise en pierre du *Triomphe de Galatée* décorait la façade du côté jardin. Une expertise faite en janvier 1788 nous en donne une description assez précise : « […] *cette dite face est percée de cinq croisées en arcades lesquelles sont avec impostes et archivoltes dont les moulures sont taillées d'ornemens, au dessus des trois arcades du milieu est un bas relief composé de dix huit figures de grandeur naturelle et représentant Vénus sur les Eaux laquelle est dans un char traîné par des Dauphins les d. figures représentant des Bacantes et des amours et la pleinte au dessous est ornée d'une nappe de glaçons sculptés, au dessus est l'entablement formant attique aux colonnes ioniques et le dit entablement avec modillons et les moulures taillées d'ornemens.* »[2]

La colossale frise en pierre qui ornait jadis l'hôtel particulier (ci-dessous) est aujourd'hui conservée au musée des Arts décoratifs à Paris. Le modèle original en terre cuite, exposé au Salon de 1779, se trouve au musée de Copenhague (haut. 29,8 cm ; larg. 161,2 cm). Le relief de la villa Ephrussi, aux dimensions similaires, suit fidè-

Frise en pierre du *Triomphe de Galatée,* musée des Arts décoratifs, Paris.

Les collections de Madame Ephrussi. **209**

lement la composition de celui de Copenhague. Probablement moulé d'après cette dernière au cours du XIXe siècle et, accidenté par la suite, ce relief a perdu en profondeur et en précision dans les détails.

Le *Triomphe de Galatée* se lit de gauche à droite : on voit d'abord deux Néréides se regardant face à face, en léger relief, un triton de dos soulevant une néréide tenant un voile, un triton souffle sur une conque entre deux dauphins dont l'un chevauché par un Amour ; au centre triomphe Galatée, allongée sur un énorme coquillage recouvert de coussins que soutient un triton, pendant qu'un autre plus jeune lui apporte une corne remplie de fruits et de perles ; le cortège se termine par un triton soufflant dans une conque, deux néréides nageant et une néréide sur un dauphin accompagnée de deux Amours. L'iconographie du triomphe marin fut très prisée au XVIIIe siècle, et on la retrouve notamment dans les peintures de Carrache, l'Albane et Poussin. Clodion s'inspira sans doute pour cette composition de gravures du XVIe siècle d'après l'Antique[4]. La description qu'en fait Fénélon dans *Les Aventures de Télémaque*[3] correspond à la scène présentée ici : « *nous apperçûmes des Dauphins, couverts d'une écaille qui paroissoit d'or & d'azur [...] Après eux venoient des Tritons qui sonnoient de la trompette avec leurs conques recourbées [...]. Le char de la déesse étoit une conque d'une merveilleuse figure [...] Une troupe de nymphes couronnées de fleurs nageoient en foule derrière le char [...] Une grande voile de pourpre flottoit dans l'air au-dessus du char ; elle étoit à demi enflée par le souffle d'une multitude de petits zéphyrs, qui s'efforçoient de la pousser par leurs haleines.* »

D'autres versions du *Triomphe de Galatée* en terre cuite sont connues ; citons parmi les plus importantes le relief, de belle qualité, du musée Nissim de Camondo[5] (haut. 20,5 cm ; larg. 119 cm), vraisemblablement l'œuvre de l'atelier de Clodion, et celui du musée Jacquemart-André (haut. 24 cm ; larg. 184 cm)[6] ■

U. C. G

1. A. Pradère, « Du style Troubadour au style Boulle », *Connaissance des Arts*, juin 1991, p. 76.
2. Archives Nat., Z1 j, 1171.
3. Livre IV, nouv. éd., Venise, 1768, pp. 80-81.
4. Voir l'article de G. Scherf, dans *Clodion (1738-1814)*, cat. expo., Paris, musée du Louvre, 1992, p. 180.
5. Vente Georges Haviland, galerie Georges Petit, 2 et 3 juin 1932, lot 238, provenant de la collection Ch. Haviland.
6. Diverses mentions de reliefs dans les catalogues de vente permettront peut-être une identification avec notre pièce : vente Constantin, 3 mars 1817, n° 876 ; vente Walville, 23 oct. 1820, n° 156 ; vente Boilly, 13 juin 1829, lot 98 ; vente Caillard, 3 mai 1830, lot 119 ; vente Noe, 7 avril 1858, lot 111 ; vente Du Mesnil Marigny, 5 mars 1875, lot 31.

Porcelaines

par Guillaume Séret

DEUX COMPOTIERS « COQUILLE »

Manufacture royale de porcelaine de Vincennes, vers 1752-1754.
Porcelaine tendre, fond blanc, décor de camaïeu carmin et rehauts d'or.
Dimensions : haut. 5,1 cm ; long. 22 cm ; larg. 21 cm.
Marques : marques peintes en bleu sous chacun des compotiers coquilles, au double L ; marque au double point ; sigle du peintre André-Vincent Vielliard père (actif de 1752 à 1790) ; marque en creux M.

L'inventaire de la Manufacture royale de porcelaine de Vincennes d'octobre 1752 cite des moules de coquilles en deux grandeurs ainsi qu'une série de compotiers à coquille de forme nouvelle de trois tailles, décorés de fleurs ou de paysages, dans les pièces moulées du magasin de vente. Cette paire de compotiers « coquille » pourrait être l'une des premières réalisations du peintre André-Vincent Vielliard père, qui connut une intense et longue activité à la Manufacture de 1752 à 1790.

Le décor d'angelots en camaïeu pourpre des deux compotiers « coquille » n'est pas sans évoquer certaines œuvres de François Boucher, une source iconographique abondamment prisée des artistes de Vincennes. Sur le premier des compotiers, l'angelot, assis, tient une lance et un bouclier ovale. Le motif central est entouré de fleurs peintes au naturel. Sur le second, l'angelot est assis devant un arbre et porte une rose à son visage. À ses pieds, un petit arbre est planté dans un pot et une cruche est renversée. Une paire de compotiers « coquille » de l'ancienne collection Adrian Sassoon, très proche par sa décoration de ceux de Saint-Jean-Cap-Ferrat et portant les mêmes marques, est entrée au Musée national de Céramique de Sèvres en 1992 ■ *G. S.*

PLATEAU EN PORTE-HUILIER

Manufacture royale de porcelaine de Vincennes, vers 1754.
Porcelaine tendre, fond bleu céleste, décor polychrome et rehauts d'or.
Dimensions : haut. 4,9 cm ; long. 27,7 cm ; larg. 13,8 cm.
Marques : marque peinte en bleu, au double L ; absence de lettre-date et de marque de peintre.
Bibliographie : Tamara Préaud et Antoine d'Albis, *La Porcelaine de Vincennes,* Paris, Éditions Adam Biro, 1991, n° 206, p. 184

De forme allongée à contours en accolades, ce plateau de déjeuner doit son nom au porte-huilier utilisé dans les services de table pour présenter deux flacons en cristal – ou « burettes » – contenant l'huile et le vinaigre. La première mention de ce type de plateau dans les Archives de Vincennes date d'octobre 1752. Le plateau en porte-huilier est peut-être à rapprocher des nombreuses formes dessinées par Duplessis pour le service bleu céleste de Louis XV, la première mention dans les registres de ventes correspondant en effet à ce service. En 1758, sont mentionnés des plateaux porte-huilier en seconde grandeur et, en 1763, apparaît une nouvelle version du porte-huilier, appelée porte-huilier à carcasses. Ces carcasses étaient destinées à maintenir des burettes. Utilisé comme support de déjeuner, le plateau en porte-huilier pouvait être accompagné d'une tasse et d'un pot à sucre de formes diverses.

Le prix des porte-huilier variait de 18 livres, s'ils étaient simplement décorés de fleurs, à 108 livres pour un porte-huilier « roze, attributs et fleurs ». La plupart des modèles vendus étaient à fleurs, leur coût oscillant de 24 à 27 livres.

Pourvu d'un fond bleu céleste, le plateau en porte-huilier est décoré de quatre réserves contenant de délicats paysages polychromes. La dorure entourant les réserves et décorant le bord en dents de loup est particulièrement raffinée. L'intérêt du porte-huilier de Saint-Jean-Cap-Ferrat tient à son ancienneté, à la rareté de son coloris qui ne se retrouve que sur un exemplaire du Musée national de Céramique de Sèvres, et au choix inhabituel de quatre paysages – plutôt que des amours ou des attributs plus courants – qui apparaît sur un autre plateau en porte-huilier, à fond bleu lapis, lui aussi conservé à Saint-Jean-Cap-Ferrat ∎

G. S.

VASE « URNE ANTIQUE »

Manufacture royale de porcelaine de Vincennes, 1754-1755.
Porcelaine tendre, fond bleu céleste et rehauts d'or.
Dimensions : haut. (sans couvercle) 27,1 cm ; haut. (avec couvercle) 29,5 cm ; long. 18,5 cm ; larg. 13,5 cm.
Marques : marque peinte en bleu, au double L ; lettre-date difficile à lire mais très vraisemblablement identifiable comme un B (1754-1755) ; absence de marque de peintre ; marque en creux : ml ou mf (?).
Bibliographie : Rosalind Savill, *The Wallace Collection, Catalogue of Sèvres Porcelain*, tome 1, Londres, 1988, p. 153, note 3, a.

Le modèle dit « urne antique », nommé au XIXe siècle « urne antique à oreilles », fut créé en 1755. Le profil du vase est souligné par l'élégance des anses qui l'élargissent sans l'alourdir. Il reprend le principe de la forme renflée entre deux étranglements des vases « Duplessis ». Cette particularité pourrait laisser supposer que Jean-Claude Duplessis père est également l'inventeur de l'« urne antique ». La base du vase, soulignée par une simple moulure, repose sur un petit support, tandis qu'une calotte arrondie nervurée coiffe le sommet du col, à quatre pans ronds.

Le magnifique fond bleu céleste est décoré de réserves à motifs polychromes d'amours géographes, musiciens, hommes de lettres. Ces représentations allégoriques des arts et des sciences reposent délicatement sur des nuages. La dorure est d'un extrême raffinement par sa rare qualité et par la richesse de ses détails : nombreux oiseaux figurés dans des attitudes différentes (paon perché sur des rocailles ou coq dominant), guirlandes de fleurs, plumes, etc.

Grâce aux Archives de Sèvres, nous savons qu'au cours du second semestre 1755, figure une urne d'après l'Antique, fond bleu turquoise avec des enfants « très riche », à Lazare Duvaux pour 960 livres. Le vase de Saint-Jean-Cap-Ferrat faisait vraisemblablement partie, à l'origine, d'une paire qui fut séparée peu après sa mise en vente. La première urne fut vendue, en garniture avec d'autres pièces, par Lazare Duvaux à Madame de Pompadour en décembre 1755. C'est également Duvaux qui vendit la seconde urne à Louis XV. Le souverain la destinait au comte Moltke, un ami personnel du roi Frédéric V de Danemark.

Par un curieux hasard de l'Histoire, les exemplaires de la marquise de Pompadour et du comte Moltke devaient se trouver réunis, plus de cent ans après leur séparation, chez deux illustres représentants de la famille Rothschild. En effet, à la faveur de la succession d'une héritière Rothschild en 1997 (Succession de Madame B. provenant des anciennes collections Gustave et Robert de Rothschild, Paris, Hôtel Drouot, PIASA, 11 juin 1997, cat. n° 47, repr.), a réapparu le second de ces vases, aujourd'hui dans le commerce d'art parisien. Chercher à identifier qui de l'oncle – le baron Gustave de Rothschild (1829-1911) – ou de la nièce – Mme Maurice Ephrussi – détenait l'exemplaire de la marquise de Pompadour ou du comte Moltke relève d'autant plus de la gageure que les similitudes entre les deux vases sont grandes et les descriptions des archives laconiques. Quoi qu'il en fût, l'« urne antique » de Madame Ephrussi, à la différence du second exemplaire, est pourvue d'une lettre-date ∎

G. S.

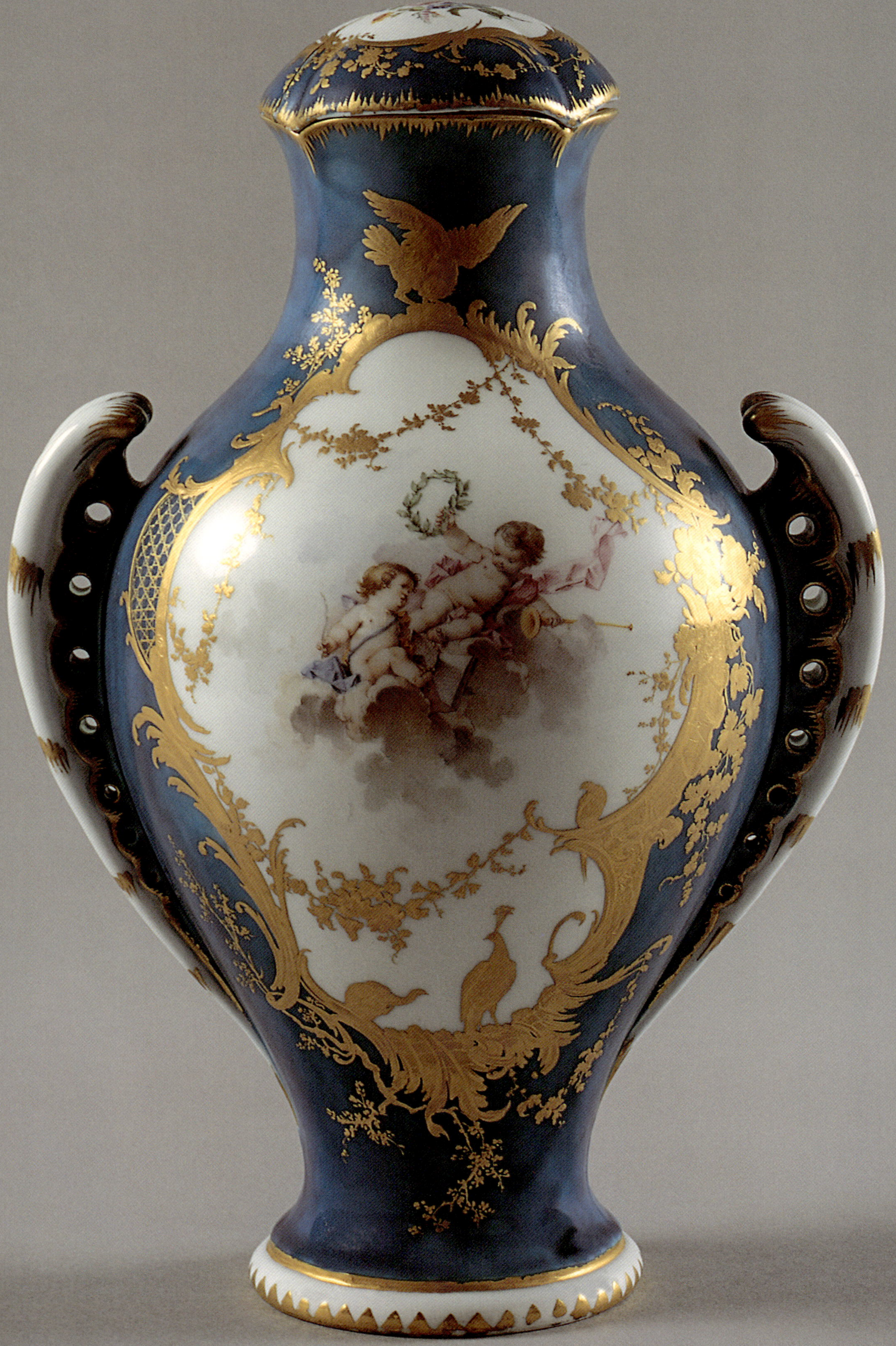

CUVETTE À FLEURS « COURTEILLE », EN PREMIÈRE GRANDEUR

Manufacture royale de porcelaine de Vincennes, 1754-1755.
Porcelaine tendre, fond bleu céleste, décor polychrome et rehauts d'or.
Dimensions : haut. 19,3 cm ; long. 31,5 cm.
Marques : marque peinte en bleu, au double L ; lettre-date : B (1754-1755) ; absence de marque de peintre.
Bibliographie : Rosalind Savill, *The Wallace Collection, Catalogue of Sèvres Porcelain,* tome 1, Londres, 1988, p. 153, note 2, i.

Ce vase à fleurs de forme ovale repose sur quatre pieds. Son bord supérieur est souligné par une bordure droite, tandis que son fond présente un magnifique bleu turquoise enrichi de guirlandes de fleurs dorées. Sa face antérieure, courbe, repose sur deux pieds en volute conçus selon l'expression de Marcelle Brunet comme des « coquillages ronds » (Marcelle Brunet et Tamara Préaud, *Sèvres. Des origines à nos jours,* Fribourg, Office du Livre, p. 52) et qui s'élèvent en bandes. Son cartel représente deux enfants dans un décor champêtre. Sa face postérieure, dont le cartel est décoré de fleurs et de fruits, est concave et ses pieds « rocailles » sont un rappel des feuilles d'acanthe tenant lieu de poignées sur les faces latérales.

Le modèle, créé en 1753, porte le nom de l'intendant des finances Jacques-Dominique de Barberie, marquis de Courteille, « protecteur » de la Manufacture de Vincennes, puis, à partir de 1759, commissaire-administrateur de la Manufacture de Sèvres. C'est d'ailleurs à Courteille que fut présentée la toute première « caisse à

Les collections de Madame Ephrussi.

fleurs » portant son nom. Rosalind Savill (Rosalind Savill, *The Wallace Collection, Catalogue of Sèvres Porcelain,* tome 1, Londres, 1988, p. 42) émet l'hypothèse que Jean-Claude Duplessis père puisse être l'auteur de la cuvette « Courteille ».

La cuvette « Courteille » existait en trois grandeurs. L'exemplaire de Saint-Jean-Cap-Ferrat correspond à la première, la deuxième et la troisième n'apparaissant qu'en 1759.

L'intérêt majeur de la cuvette « Courteille » de Madame Ephrussi tient à son ancienneté. Datée de 1754-1755, elle constitue, à l'heure actuelle, le plus ancien exemplaire identifié. Elle pourrait, surtout, correspondre à la description du deuxième exemplaire apparaissant dans les registres de ventes de la Manufacture. En effet, le 16 décembre 1755, Moreau de Séchelles, contrôleur général des finances, reçut une « Cuvette à fleurs Courteille », fond bleu turquoise à enfants. Notons, pour avoir une idée de son prix, qu'au cours de l'année 1756, le marchand-mercier Lazare Duvaux acquit trois cuvettes « Courteille », également à fond bleu turquoise et enfants, au prix de 720 livres chaque ■   G. S.

PAIRE DE VASES « FERRÉS », EN PREMIÈRE GRANDEUR

Manufacture royale de porcelaine de Sèvres, vers 1765-1770.
Porcelaine tendre et bronze doré, fond bleu nouveau, décor polychrome et rehauts d'or.
Dimensions : haut. (avec couvercle) 42 cm ; haut. (sans couvercle) 33 cm ; diam. 16 cm ; larg. 18 cm (environ).
Marques : marque peinte en bleu, au double L très effacé ; lettre-date et marque de peintre illisibles.
Bibliographie : Pierrette Jean-Richard, *L'Œuvre gravé de François Boucher, dans la Collection Edmond de Rothschild,* Paris, Éditions des Musées nationaux, 1978, pp. 159, 162 et 164, n° 554-555.
Daniel Alcouffe, « Paire de vases antiques ferrés », in *Cinq ans d'enrichissement du patrimoine national, 1975-1980. Donations, dations, acquisitions,* Paris, Galeries nationales du Grand Palais, 1980, pp. 131-132, n° 114.
Pierre Ennès, « Paire de vases antiques ferrés », in *Un défi au goût,* Paris, Musée du louvre, 1999, p. 90, n° 33.

Bien que le modèle en plâtre subsiste à la Manufacture nationale de Sèvres sous le nom de « vase antique ferré (dit de Fontenoy) », Rosalind Savill pense que la dénomination la plus fidèle au XVIIIe siècle est probablement « vase ferré » (Rosalind Savill, *The Wallace Collection, Catalogue de Sèvres Porcelain,* tome 1, Londres, 1988, p. 214). Le « vase ferré » existait en deux tailles, l'exemplaire de Saint-Jean-Cap-Ferrat correspondant à la première.

Cette paire de vases présente un magnifique fond bleu nouveau. Sur la panse, quatre cartels saillants sont suspendus au collet par des anneaux dorés et des cordelettes blanches encadrées de branches de chêne en bas-relief d'or avec nœud de ruban blanc et or. Sur les cartels à figures sont représentées deux scènes pastorales : *La Musique pastorale* et *Les Amusemens* [sic] *de la campagne,* d'après les gravures réalisées en 1754 par Jean Daullé (1703-1763). Exposées au Salon de 1755, le *Mercure* de décembre 1754 fit l'éloge de ces gravures inspirées d'œuvres de François Boucher. Les deux tableaux originaux – formant pendants –, peints en 1743 par Boucher, furent commandés par le marquis Henri-Camille de Béringhen (1693-1770), « premier écuyer » du Roi et propriétaire d'une célèbre collection de tableaux, avant de connaître de nombreux propriétaires (vente après décès du marquis Henri-Camille Béringhen, Paris, 2 juillet 1770, n° 36, acquis 1400 livres ; acquis par le fermier général Dangé ; sa vente, Paris, 7 février 1778, n° 6 ; vente de Pange, Paris, 5 mars 1781, n° 43, acquis 600 livres par Langlier ; collection du baron Cassin ; collection de Madame Millon de La Verteville, sa fille) et de réapparaître dans la collection de Roberto Polo (Collection de Monsieur et Madame Roberto Polo, Paris, Drouot

Montaigne, Ader/Picard/Tajan, 30 mai 1988, n° 9, repr.). Les trois côtés latéraux sont ornés de trophées suspendus, collet et bord réservés de canaux dorés et d'une frise d'oves et de perles en relief doré. Sous le culot figure un rang de perles réservées en ronde-bosse. Au piédouche, des canaux et un tore de laurier, celui-ci réservé et rehaussé d'or comme les pommes de pin formant les graines des couvercles.

Bien que la lettre-date et le nom du peintre soient illisibles, il est très tentant de rapprocher cette paire de vases « ferrés » du pinceau de Charles-Nicolas Dodin, actif à la Manufacture de 1753 à 1803. Cette hypothèse est confortée par l'existence de deux paires de vases décorées des mêmes scènes et signées de Dodin : une paire de vases « à bandes » (collection de Sa Grâce le duc de Buccleuch à Boughton House, Northamptonshire), à fond bleu nouveau, et une paire de vases C de 1780 (collection particulière), à fond vert. Ces deux scènes apparaissent également sur une paire de vases à feuilles de lauriers, à fond bleu nouveau, autrefois conservés dans la collection d'Edwin Marriott Hodgkins.

L'intérêt de Madame Ephrussi pour cette forme de vases pourrait très bien s'être éveillé auprès des collections de son père, le baron Alphonse de Rothschild, qui comprenaient une autre paire de vases « ferrés », de première grandeur, non datés, à fond rose « chiné » et à scènes de batailles, ayant appartenu au baron Double, et aujourd'hui conservée au Département des Objets d'art du musée du Louvre ■

G. S.

LE SERVICE AUX « PARTITIONS »

Manufacture royale de porcelaine de Sèvres, 1767-1768.
Porcelaine tendre, fond blanc, décor polychrome et rehauts d'or.
Dimensions : assiettes : diam. 24 cm ; haut. 2,9 cm. Compotiers ronds : diam. 22,2 cm. Compotiers carrés : côté 22,1 cm. Saladier : diam. 26,5 cm ; haut. 11 cm.
Marques : marque peinte en bleu, au double L ; lettres-dates : 0 (1767) et P (1768) ; nombreuses marques de peintres : 6 (pour Bertrand, actif de 1757 à 1775), sigle de Charles Buteux l'aîné (actif de 1765 à 1782), … (pour Jean-Baptiste Tandart l'aîné, actif de 1754 à 1800).
Bibliographie : Marie-Laure de Rochebrune, « Une collection de porcelaine formée au XIXe siècle, les services de madame Thiers », *L'Objet d'art de la saison,* n° 13, Service des travaux muséographiques, Musée du Louvre, 2000.

Le service aux partitions de Madame Ephrussi constitue par la diversité, l'abondance et la qualité de ses pièces un témoignage raffiné du « service à la française » en usage au XVIIIe siècle. Les deux saladiers sont issus du premier service au cours duquel étaient consommés les entrées, les potages, les hors-d'œuvre, les viandes, les poissons, les entremets et les salades. Les soixante-douze assiettes plates, les deux compotiers ronds et les quatre carrés, et les deux sucriers ovales et leurs plateaux proviennent du service de dessert lorsque étaient dégustés le fromage blanc, les compotes, les fruits…

La décoration de chacun des éléments présente, sur un fond blanc, une frise de fines arcatures bleues, ou double écailles, sur le bord, liées par des filets d'or à des guirlandes de fleurs polychromes. Au centre se développe un trophée musical associant une lyre traversée par une partition musicale et une guirlande de fleurs. La bordure est tantôt à dents de loup, tantôt à filet d'or selon l'importance des pièces. Si la grande majorité des pièces sont datées de 1767, certaines le sont également de 1768. Plusieurs peintres ont participé à la réalisation du service : Charles Buteux l'aîné, célèbre peintre de trophées, Jean-Baptiste Tandart l'aîné, et Bertrand, peintres de fleurs.

Une tradition attachée à ce service fameux voudrait que les partitions constituent un quatuor de Haydn… ■ *G. S.*

PAIRE DE VASES B DE 1780

Manufacture royale de porcelaine de Sèvres, vers 1780.
Porcelaine tendre et bronze doré, fond beau bleu, décor polychrome et rehauts d'or.
Dimensions : haut. (avec couvercle) 40 cm ; long. 21,5 cm (environ) ; socle 10,2 x 10 cm.
Marques : marques impossibles à lire ; marque de doreur : GI (Étienne-Gabriel Girard, actif de 1762 à 1800) ; marque en creux : IO.
Provenance : Collection de Ralph Bernal ; sa vente après décès, Christie's, Londres, 9 mars 1855, cat. n° 600, repr. ; collection du baron Alphonse de Rothschild (1827-1905), 1889 ; vraisemblablement transmis à sa fille Mme Maurice Ephrussi, née Béatrice de Rothschild.
Bibliographie : Marcelle Brunet et Tamara Préaud, *Sèvres. Des Origines à nos jours,* Fribourg, Office du Livre, p. 206, n° 245.
Carl Christian Dauterman et James Parker, *Decorative Art from the Samuel H. Kress Collection,* New York, 1964, pp. 241-242, n° 59[a-b].
Svend Eriksen, *The James A. de Rothschild Collection at Waddesdon Manor : Sèvres porcelain,* 1968, pp. 274-175, n° 99.
Tamara Préaud, « Vase d'ornement, dit Vase sphinx », in *Sèvres, Musée national de Céramique. Nouvelles acquisitions (1979-1989),* Sèvres, Musée national de Céramique, 1990, p. 163, n° 229.
Albert Troude, *Choix de modèles de la Manufacture Nationale de porcelaines de Sèvres appartenant au Musée céramique,* s.d. [1897].

Ce vase à fond bleu nouveau est monté sur un pied élevé, à culot ondulant surmonté d'un corselet et coiffé d'un lourd couvercle en cloche. La base est enrichie de figures casquées et barbues.

Marcelle Brunet a remarqué (Marcelle Brunet et Tamara Préaud, *Sèvres. Des origines à nos jours,* Fribourg, Office du Livre, p. 206) que la forme en plâtre publiée par Albert Troude en 1897 sous ce nom n'est pas mentionnée ainsi au XVIIIe siècle et que seul le terme de « *vases mazquaron en beau bleu à peindre* » est mentionné dans les Archives.

Le cartel des faces principales, cerné d'une bande dorée, est décoré d'une figure féminine très dévêtue, dans la tradition des pastorales de Boucher. Sur le premier des vases, une femme est assise près d'un chien. Aux formes

Les collections de Madame Ephrussi. **219**

généreuses, la blonde inconnue (nymphe ou bacchante) dissimule sa nudité sous un drap blanc. Cette scène apparaît également sur le vase sphinx du Musée national de Céramique de Sèvres. Sur le second des vases, une bacchante allongée porte à son visage une grappe de raisin. Une scène similaire est représentée sur l'un des deux vases « bouc à raisins », à fond bleu nouveau, conservé à Waddesdon Manor. Le cartel principal du second vase de cette paire reprend une gravure de Jean-Baptiste de Lorraine, d'après François Boucher ∎   *G. S.*

GARNITURE DE TROIS « VASES DES ÂGES », EN PREMIÈRE ET DEUXIÈME GRANDEURS

Manufacture royale de porcelaine de Sèvres, vers 1780.
Porcelaine tendre et bronze doré, fond vert, décor polychrome et rehauts d'or.
Dimensions : 1re grandeur : haut. 49 cm ; long. 26,5 cm ; larg. 20 cm. 2e grandeur : haut. 43 cm ; long. 24 cm ; larg. 18 cm.
Marques : marque peinte en bleu, au double L ; absence de lettre-date ; marque de peintre ou de doreur : B (Jean-Pierre Boulanger, actif de 1754 à 1785) ; marque en creux difficile à lire.
Provenance : Collection de Ralph Bernal, sa vente après décès, Christie's, Londres, 9 mars 1855, cat. n° 597, repr..
Bibliographie : Marcelle Brunet et Tamara Préaud, *Sèvres. Des Origines à nos jours,* Fribourg, Office du Livre, pp. 204-205, n° 241-243.
Adrian Sassoon, *Vincennes and Sèvres Porcelain, Catalogue of the Collections, the J. Paul Getty Museum,* Malibu, 1991, pp. 126-135, n° 25.

De forme ovoïde, à fond vert et à décor polychrome et or, cette garniture est composée de trois vases, produits à Sèvres à partir de 1778 et appelés « vases des âges ». Cette forme existait en trois grandeurs : la première comportait sur chaque côté une tête de vieillard, la deuxième des têtes de jeunes femmes et la troisième des têtes d'enfants. Les deux sortes d'anses (des bustes d'hommes barbus pour le « vase des âges » en première grandeur, et des bustes de femmes couronnées de roses pour les deux « vases des âges » en deuxième grandeur) illustrent deux des trois âges de la vie. Les faces des vases sont ornées d'un large cartel ovale peint en couleur, cerclé d'une bande dorée, celui de la face principale représentant des scènes d'intérieur, tandis que la face postérieure comporte un panier débordant d'attributs surmonté d'un ruban mauve sur un fond blanc.

Ce modèle a vraisemblablement été dessiné par Jean-Jacques Deparis comme paraissent le suggérer deux dessins conservés aux Archives de Sèvres. Marcelle Brunet a remarqué que, « quel qu'ait été le talent de mouleur et créateur de formes de Deparis, il paraît douteux qu'il ait modelé les têtes souriantes des jeunes femmes. On peut supposer que Boizot, chargé de la direction des ateliers de sculpture depuis 1773, y avait mis la main » (Marcelle Brunet et Tamara Préaud, *Sèvres. Des origines à nos jours,* Fribourg, Office du Livre, p. 205).
L'intérêt de la garniture de Madame Ephrussi tient, en partie, au nombre relativement peu élevé des exemplaires aujourd'hui identifiés et à l'utilisation du fond vert. Seule une paire de « vases des âges », troisième grandeur, conservée dans la collection royale britannique, présente ce fond. Leurs cartels, très proches des cartels de Saint-Jean-Cap-Ferrat, pourraient s'inspirer, selon Marcelle Brunet (Marcelle Brunet et Tamara Préaud, *Sèvres. Des origines à nos jours,* Fribourg, Office du Livre, p. 204) de gravures de Ingouf, datées de 1777, d'après L. Freudenberg. Ces incontestables similitudes ont contribué à rapprocher les vases de Madame Ephrussi des vases de la collection royale britannique et permet d'imaginer qu'ensemble ils aient pu former une garniture de cinq pièces. En même temps qu'il pensait pouvoir reconnaître le vase central, en première grandeur, dans une vente à Londres en 1855 (Collection de

Mr Ralph Bernal, Christie's, Londres, 5 mars 1855 et jours suivants, cat. n° 597), Adrian Sassoon (Adrian Sassoon, *Vincennes and Sèvres Porcelain, Catalogue of the Collections, The J. Paul Getty Museum,* Malibu, 1991, p. 135) ne manquait pas de relever que les trois vases de Saint-Jean-Cap-Ferrat et les deux vases de la collection royale britannique présentaient un certain nombre de différences (dorure, décor du socle). Mais c'est surtout la découverte sous les vases de Saint-Jean-Cap-Ferrat de la marque de Jean-Pierre Boulanger, doreur et peintre, alors que les deux vases de la collection royale britannique portent les marques du peintre Pierre-André Le Guay et du doreur Henri-François Vincent, qui met un terme à une hypothèse pourtant séduisante ■

G. S.

Jean-Frédéric Schall, Jeune femme à la robe blanche *(voir p. 237)*.

222. Les collections de Madame Ephrussi

Peintures

par Alain Renner

TROIS SCÈNES DE BATAILLES
Louis Nicolas van Blarenberghe (1716-1794)

Trois gouaches.
Dimensions : 29 x 58 cm et 14 x 21 cm (2).

Descendant de deux peintres de batailles nés à Lille, Louis Nicolas est certainement le plus connu et le plus habile des artistes pratiquant la gouache. C'est à Paris qu'il put exprimer le mieux son talent en travaillant sous la protection du duc de Choiseul. Il fut ensuite envoyé en Bretagne, à Brest, en 1760, afin d'exécuter des vues du port. Ces œuvres célèbres sont actuellement conservées au Musée du Louvre à Paris.

Les trois gouaches du musée Ile de France sont remarquables par la précision des détails, que ce soient les drapeaux, les uniformes, les positions des différents corps d'armée, et par le rendu parfait des paysages environnants. Nous savons que cet artiste avait pour habitude de travailler d'après nature : c'est une des raisons pour lesquelles il est intéressant de comparer données et témoignages écrits avec les merveilleuses vues de Van Blarenberghe. Le château de Versailles conserve une magnifique série de batailles, lesquelles étaient destinées au roi ∎

A. R.

224. Les collections de Madame Ephrussi

LA BOUQUETIÈRE
François Boucher (1703-1770)

Huile sur toile ovale.
Dimensions : 47 x 36 cm.

Le premier qualificatif que l'on pourrait attribuer à ce tableau est la grâce : grâce féminine de l'attitude, grâce de son sourire, grâce de la beauté des soieries qui l'habillent, grâce des bouquets de fleurs. Les nuances de coloris, le chatoiement des tissus contrastent avec l'aspect laiteux des chairs. Dans ce type de tableau – on pourrait presque parler de portrait –, Boucher nous fait ressentir la proximité d'un âge d'or, l'authenticité du bonheur vécu. L'air rêveur du modèle, par son regard dirigé vers un ailleurs, un certain recueillement, une intimité et un appel du lointain, confère au tableau un caractère mélancolique. Ces peintures *instantanées* sont une des caractéristiques de l'art du XVIIIe siècle. « *Le peintre n'a qu'un instant,* écrit Diderot, *et il ne lui est pas plus permis d'embrasser deux instants que deux actions* ». C'est une condition que François Boucher accepte facilement ∎   A. R.

AMOURS MARQUANT LE TEMPS
François Boucher (1703-1770)

Huile sur toile ovale.
Dimensions : 41 x 32 cm.

Le siècle du libertinage nous offre ici une image de cette liberté de penser propre à des artistes tels que François Boucher. L'amour, le plaisir deviennent pour le peintre un sujet sérieux sur une expérience légère, prétexte à une représentation anatomique précise dans une composition savante. L'art d'un Boucher, qui doit être saisi dans le trouble et le délice, fait cohabiter dans une harmonie parfaite un ordre destiné à l'esprit et une grande variété de détails qui éveillent en nous la surprise des sens. Au XVIIIe siècle, on vit davantage dans l'idée de plaisir que dans le plaisir à proprement parler. Les amours de notre tableau, issus directement de la mythologie, ne sont porteurs d'aucun mystère. Ils sont là pour le seul plaisir esthétique et l'animation de la pièce qu'ils orneront. L'un des deux, reconnaissable à son carquois et ses flèches déposés à terre, est Cupidon.

Boucher, en traitant ces amours avec une certaine dureté de matière et de coloris, s'éloigne des palettes à la mode italienne, constituées de couleurs chaudes et des glacis habituels que l'on retrouve chez des peintres comme Le Moyne ou Jean-François de Troy. Malgré tout, il est resté influencé par des modèles italiens, dont Castiglione ∎

A. R.

DE TROIS CHOSES EN FEREZ-VOUS UNE ?
François Boucher (1703-1770)

Huile sur toile ovale.
Dimensions : 105 x 85 cm.
Provenance : *A young man & his mistress,* ovale, vente Andrew Hay, 14-15 fév. 1744-45, 1ᵉʳ jour, n° 30 [acheté pour 16 livres, 5 shillings, 6 pences par Lord Hume (Home)] ; vente [Lecomte et Escudero], exp. Febvre, Paris 12 déc. 1854, n° 36 ; vente après décès ann. exp. Haro, Paris, 22 janv. 1874, n° 1 ; vente anon., Hôtel Drouot (Féral), Paris, 14 mai 1877, n° 7 ; vente de Mme X, Petit, Paris, 26 juin 1924, n° 70 ; Mme Ephrussi, Saint-Jean-Cap-Ferrat.
Bibliographie : *François Boucher (1703-1770)*, cat. expo., Paris, 1986, n° 19.

Le titre de ce tableau, qui peut nous paraître énigmatique, nous est donné par la gravure qu'en fit Pasquier. Il semble que ce soit une phrase d'un jeu d'enfants. Au deuxième degré, elle pourrait également avoir une connotation amoureuse. Il existe deux versions de cette œuvre, l'autre, qui diffère par quelques détails, se trouvant dans la collection du baron Edmond de Rothschild. C'est notre tableau qui servit pour la gravure publiée en 1768. Il n'est pas facile à dater mais les rédacteurs du catalogue de l'exposition François Boucher (1986) semblent penser aux années 1733 ou 1734. En effet, « le trait de pinceau est devenu plus discret, mais les draperies aux plis étroits s'apparentent à des œuvres suivant de peu le retour de Boucher d'Italie ».

On ne peut s'empêcher de penser que le peintre ait voulu transposer ici ses amours avec Marie-Jeanne Buseau. Quoi qu'il en soit, il s'agit d'une des premières pastorales de Boucher, thème qui deviendra l'un de ses sujets favoris ■
A. R.

FEMME SE MIRANT DANS UN COURS D'EAU
Jean-Honoré Fragonard (1732-1806)

Aquarelle.
Dimensions : 31,2 x 22,7 cm.
Bibliographie : A. Ananoff, *Jean-Honoré Fragonard, catalogue raisonné,* F. de Nobele, n° 661, non reproduit.
L. Réau, « Les dessins de Fragonard du Musée Ile de France (fondation Ephrussi de Rothschild) », *Académie des Beaux-Arts,* édit. J. Picard, 1960-1961, p. 81, pl. 4.

Dans ce beau dessin, très abouti, le traitement de la végétation qui entoure la femme est particulièrement fouillé. La sensation de profondeur et de perspective est donnée par une ouverture à gauche au fond de laquelle on aperçoit une maison entre les arbres. La femme est agenouillée, appuyée contre un rocher, le regard perdu vers le cours d'un ruisseau : il s'en dégage une forte impression de mélancolie. Le personnage, tenant quelque chose ressemblant à un mouchoir dans la main gauche, a l'air envahi de pensées nostalgiques. Comme à son habitude, Fragonard nous plonge au sein même des préoccupations du personnage. La richesse des nuances de tons, tous dans une gamme de bruns et d'ocres, nous démontre le talent de coloriste de l'artiste ■
A. R.

JEUNE FEMME À LA FONTAINE
Jean-Honoré Fragonard (1732-1806)

Lavis de bistre.
Dimensions : 34,5 x 24,2 cm.
Provenance : Coll. Jules Boilly, sa vente, 19-20 mars 1869, n° 113 (251 FF) ; coll. Camille Groult, Paris (vers 1889), vente anonyme, 28 mai 1892, n° 60 ; coll. Jacques Doucet, sa vente, 5 juin 1912, n° 21, où il est reproduit (32 500 FF à Stettiner, pour Madame Ephrussi).
Bibliographie : A. Ananoff, *Jean-Honoré Fragonard, catalogue raisonné,* F. de Nobele, n° 322, fig. 113.
R. Portalis, *Honoré Fragonard, sa vie, son œuvre,* Paris, 1889, cat. p. 306.
L. Réau, *Fragonard,* Bruxelles, 1956, cat. p. 215.

Cette belle étude de drapé et d'attitude fut décrite dans une vente du 28 mai 1892 comme « *une jeune femme remplit sa cruche qu'elle a posée dans une auge de pierre* ». Fragonard fait encore ici preuve de son talent en traitant un sujet ordinaire avec brio. L'attention qu'il porte au rendu des matières, en l'occurrence le tissu de la robe, et à l'attitude du personnage, lui confère un caractère propre : la jeune femme à la fontaine tourne la tête vers le spectateur comme si elle était surprise dans son geste et semble l'inviter à la rejoindre. Cette sensation d'instantané la rapproche du travail d'un photographe ∎

A. R.

LA BASSE-COUR
Jean-Honoré Fragonard (1732-1806)

Plume et lavis d'encre de Chine.
Dimensions : 27,5 x 39 cm.
Provenance : Vente anonyme, 28 février 1811, n° 329 ; coll. Léon-Michel Lévy, sa vente après décès, G.G.P., 17-18 juin 1925, n° 60, repr. (125 000 FF à M. Stettiner pour Mme Ephrussi).
Bibliographie : A. Ananoff, *Jean-Honoré Fragonard, catalogue raisonné*, F. de Nobele, n° 2, fig. I.
R. Portalis, *Honoré Fragonard, sa vie, son œuvre*, Paris, 1889, p. 115, cat. p. 295.
C. Mauclair, *Fragonard*, Paris, 1904, p. 59.

Ce dessin a connu plusieurs autres titres : en 1811, *Intérieur d'une basse-cour* ; en 1925, *La ferme* ; en 1931, *La cour de ferme*. Il a été gravé par Saint-Non en 1762 et 1770 sous le titre *L'écurie*.

Comme souvent, Fragonard traite ici d'un sujet de la vie quotidienne à la campagne, type de scène très à la mode. L'atmosphère de ce dessin est très vive : un jeune valet de ferme tente de faire sortir un âne sur lequel sont montés trois enfants ; une jeune fille est assise à droite avec un panier de linge à ses pieds ; un enfant s'affaire dans un panier entrouvert ; des volailles et un chien sont présents ; un autre personnage assiste à la scène depuis le balcon de la cour. Tous ces détails contribuent au pittoresque de la scène et à son harmonie ∎

A. R.

LE COUCHER
Jean-Honoré Fragonard (1732-1806)

Lavis de bistre sur trait de sanguine.
Dimensions : 30,5 x 40,2 cm.
Provenance : Coll. Morgan ; coll. P. D. (sans doute Pierre Decourcelle) ; coll. de M..., sa vente anonyme, 23 mai 1899, n° 29, reproduit p. 12 (1 850 FF).
Bibliographie : H. Algoud, *Fragonard*, Monaco, 1941, pl. 83.
A. Ananoff, *Jean-Honoré Fragonard, catalogue raisonné*, F. de Nobele, n° 680, non reproduit.
L. Réau, *Honoré Fragonard, sa vie, son œuvre*, Bruxelles, 1956, p. 191, fig. 127.
L. Réau, « Les dessins de Fragonard du Musée Ile de France (fondation Ephrussi de Rothschild) », *Académie des Beaux-Arts,* édit. J. Picard, Paris, 1960-1961, p. 79, pl. 6.

Ce dessin représente le coucher de deux servantes. Certains auteurs, dont Louis Réau, ont pensé que le personnage se glissant dans le lit pouvait être un homme, mais actuellement les spécialistes s'accordent à penser qu'il s'agit bien de deux femmes, à cet égard. Le mobilier de la chambre est composé d'une table rustique à pieds tournés de style Louis XIII, un simple coffre, une chaise paillée et un vase d'aisance sans table de chevet ; on aperçoit aussi sur une étagère de simples potiches en céramique destinées à recevoir des denrées alimentaires : toutes ces données nous laissent penser qu'il s'agit bien de deux servantes.

Une d'elles se glisse dans les draps, tandis que l'autre retire ses bas avant de la rejoindre. Fragonard nous fait ici pénétrer, de manière très sensuelle, dans l'intimité des gens de maison. On retrouve dans ce dessin l'attrait du XVIIIe siècle pour les sujets légers ■   A. R.

DANAÉ VISITÉE PAR JUPITER
Jean-Honoré Fragonard (1732-1806)

Lavis de bistre sur préparation à la pierre noire.
Dimensions : 24 x 37 cm.
Provenance : Coll. Caffieri, 10 octobre 1775, n° 62, dessin à sujet comparable ; coll. Vassal de Saint-Hubert, 29 mars-13 avril 1779, n° 180, dessin à sujet comparable ; coll. Chabot et duc de la Mure ou Desmarets, 17-22 décembre 1785, n° 165, dessin à sujet comparable ; coll. Saint, sa vente, 4 (en fait 30) mai 1846, n° 13ter (32 FF à Mayor) ; coll. Walferdin, sa vente après décès, 12-16 avril 1880, n° 211 (950 FF à Goupil) ; coll. Henri Meillac, 1889 ; coll. Émile Strauss, sa vente, 3-4 juin 1929, n° 70 (500 000 FF à Stettiner).
Bibliographie : A. Ananoff, *Jean-Honoré Fragonard, catalogue raisonné,* Paris, F. de Nobele, n° 395.
Fragonard, cat. expo., Paris, Grand Palais, 24 septembre 1987-4 janvier 1988, n° 111.
G. Grappe, *H. Fragonard, peintre de l'Amour au XVIIIe siècle,* Paris, 1913, t. II, repr.
R. Portalis, *La collection Walferdin et ses Fragonard,* Paris, 1880, p. 26.
R. Portalis, *Honoré Fragonard, sa vie, son œuvre,* Paris, 1889, cat. p. 298.

Le sujet exact de ce superbe dessin n'a pas encore été parfaitement déterminé. Si au XVIIIe siècle les spécialistes hésitaient entre Danaé et Io, ceux d'aujourd'hui semblent plutôt s'accorder sur Danaé. Mais une chose est certaine, Jupiter est bien représenté par l'aigle à droite de la composition. Il est vrai que l'on pourrait penser à Io sur son nuage ou à Danaé dont la servante, au premier plan à gauche, ramasse la pluie d'or.

D'après les rédacteurs du catalogue de l'exposition Fragonard, ce dessin aurait été exécuté entre 1765 et 1770. La pièce où se déroule la scène semble de très grandes dimensions.

Fragonard a agrémenté son sujet de divers objets de luxe : brûle-parfum sur une base tripode, miroir posé sur une console à caryatides, bassin d'orfèvrerie. Les attitudes majestueuses des personnages, la rapidité du trait et la maîtrise parfaite de l'exécution confirment l'importance de ce dessin dans l'œuvre de Jean-Honoré Fragonard ∎

A. R.

L'OISEAU ENVOLÉ

Nicolas Lancret (1690-1743)

Huile sur toile.
Dimensions : 58 x 80 cm.
Bibliographie : Mary Tavener Holmes, *Nicolas Lancret (1690-1743)*, Harry N. Abrams, Inc., New York, 1991.

Les scènes de parcs constituent un des motifs les plus en vogue au cours du XVIIIe siècle. Le nom de « fêtes galantes », inventé pour Watteau, se rattache à un courant qui devait connaître une grande popularité tout au long du siècle. Il est habité de personnages inspirés notamment de la Comédie italienne : des musiciens, des soubrettes dont le symbolisme amoureux est évident, comme dans notre tableau. Dans ces réunions galantes, tout est prétexte à mettre en valeur la légèreté et la grâce féminines. Sur ce tableau, un fond de feuillage crée une atmosphère presque irréelle. Ses personnages nous sont familiers et sensibles. La peinture nous fait partager la gaîté réelle ou feinte, la joie mesurée des personnages qui sont le reflet d'un caractère français qui n'a jamais été mieux incarné qu'à cette époque. Les conventions sont respectées par l'artiste : les vêtements ne correspondent pas à la réalité de ceux que portent les gens de la campagne ; ils sont beaucoup plus raffinés, en soie chamarrée avec rubans de couleurs, fleurs et escarpins. Les sujets comportant la cage à oiseaux de Lancret ont été reproduits un peu partout, sur des porcelaines et autres objets. Watteau a également beaucoup utilisé ce thème qui symbolise la perte ou la perte potentielle de la virginité. La fascination de Lancret pour ce thème, commencée très tôt, se retrouve dans une scène de *Printemps* tirée des Quatre Saisons, exécutée pour Leriget de la Faye. Ce tableau est un travail de la maturité de l'artiste ∎

A. R.

LA LECTURE ET LE BILLET DOUX
Nicolas Lavreince (1737-1807)

Gouaches.
Dimensions : 28 x 21 cm et 27 x 20 cm.
Bibliographie : Bo G. Wennberg, *Niclas Lafrensen de yngre*, Allhems, Malmeu, 1947.

Nicolas Lavreince apprit la technique de la gouache dans l'atelier de son père Nicolas Lavreince l'Ainé, peintre de miniatures en Suède. Il travailla quelques années en France puis revint à Stockholm où il fut nommé miniaturiste de la Cour en 1770. Il fit un deuxième voyage en France et y resta jusqu'à la Révolution, mais finit ses jours en Suède. Vers 1778, il apparaît comme l'héritier légal de Baudoin, peintre de genre à la gouache plus connu en France.

Les deux gouaches de la collection Ephrussi datent des années 1780, période de maturité de l'artiste. La maîtrise de la lumière, qu'il sait parfaitement nuancer, et l'accord des couleurs dans une harmonie parfaite, sont deux des qualités de Lavreince. Ces œuvres sont également riches d'enseignement sur la manière de vivre et sur les agencements mobiliers et décoratifs de l'époque ∎

A. R.

DEUX SCÈNES RUSSES : DANSEURS ET SCÈNE DE JEUX
Jean-Baptiste Leprince (1734-1781)

Paire d'huiles sur toile.
Dimensions : 43 x 34 cm.
Bibliographie : *Jean-Baptiste Le Prince,* cat. expo., Musée d'Art et d'Histoire, Metz, 1er juillet-26 septembre 1988.

Jean-Baptiste Leprince a travaillé à ses débuts dans l'atelier de Boucher. Il rejoint ensuite son frère, à vingt-deux ans, en Russie, après accord de la Chancellerie impériale des Bâtiments. En 1758, il était l'un des peintres décorateurs travaillant pour Élisabeth dans le Palais d'Hiver, et il y exécuta quarante-cinq dessus-de-porte. Dans ses dessins de Russie, Leprince fait preuve d'un merveilleux sens de l'observation : attentif aux moindres détails, il représente costumes, maisons, accessoires… De retour en France, il est reçu à l'Académie en 1765. Le succès du *Baptême russe*, exposé au Salon de 1765, l'encouragea à se spécialiser dans les « russeries », aussi à la mode que les « turqueries » et les « chinoiseries ». Il est connu pour être l'inventeur du procédé de l'aquatinte.

Les deux œuvres de la collection du Musée Ile de France nous présentent un travail quelque peu conventionnel, dans l'esprit de Boucher, mais charmant par ses sujets festifs : les personnages richement habillés de tissus chamarrés et de costumes typiques évoluent dans des paysages où l'on peut voir des isbas et des tentes assez classiques.

La scène des danseuses nous est connue par une aquatinte réalisée par Leprince en 1768, actuellement au Musée d'Art et d'Histoire de Metz. L'artiste a fait figurer les deux musiciens de gauche, inversés, dans une œuvre intitulée *Le Cabak,* datée de 1767, qui se trouve actuellement au Musée de Stockholm ∎

A. R.

VUE PERSPECTIVE DU CHÂTEAU DE FONTAINEBLEAU
Pierre-Denis Martin, dit le Jeune,
appelé aussi Martin des Gobelins (vers 1663-1742)

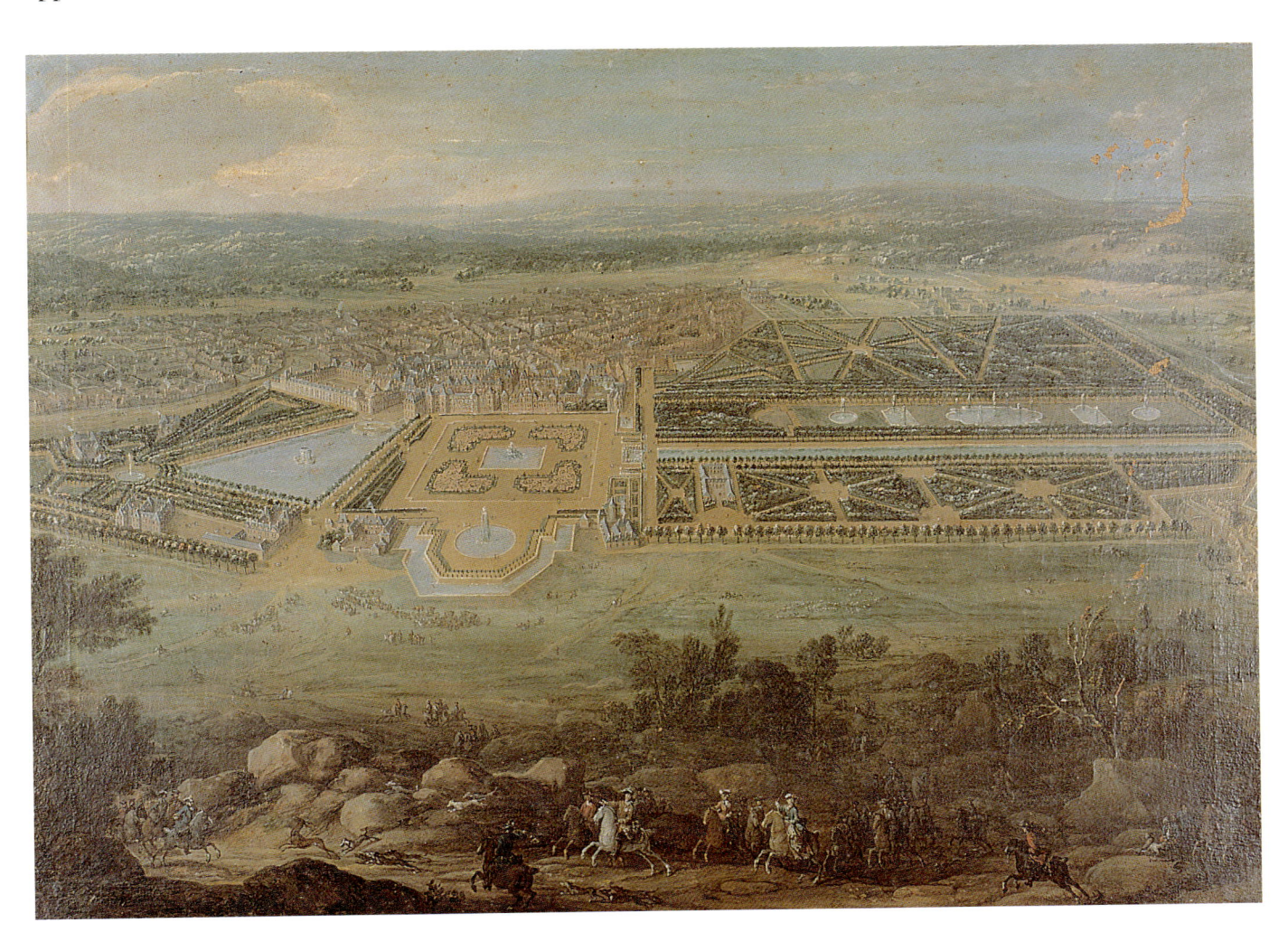

Huile sur toile.
Dimensions : 46 x 64 cm.

Cet artiste se spécialisa dans les chasses royales, les batailles et les vues des demeures royales. Parfois, comme cela est le cas sur ce tableau, il coupla les sujets. Le roi y chasse le cerf dans les environs de Fontainebleau, ce qui permet à l'artiste de nous présenter une vue perspective du château et de la ville, ainsi que le paysage environnant. Il y décrit l'ordonnancement parfait des jardins à la française avec leurs allées, leurs jeux d'eau avec bassins et fontaines.

Pierre-Denis Martin, né à Paris, était le neveu ou le cousin de Jean-Baptiste Martin, dit des Batailles. Spécialisé dans les scènes de batailles, il réalisa également de nombreuses vues des châteaux royaux. Il travailla de nombreuses années à la Manufacture des Gobelins, d'où lui vint son surnom. Plus tard, il fut nommé « *peintre ordinaire* » du roi Louis XIV et du tsar Pierre le Grand. On peut voir de ses œuvres à Versailles, à la Pinacothèque de Munich et au palais de Tsarskoïe-Selo, en Russie ■

A. R.

FEMMES AU PUITS, PAYSAGE ROMAIN, *Hubert Robert (1733-1808)*

Lavis d'encre bistre et encre sépia.
Dimensions : 24 x 34 cm.

Watelet nous dit que *« l'on appelle vue le portrait d'un site que l'on a fait d'après nature… »*. C'est souvent un exercice réalisé lors d'un voyage, ce qui est le cas pour ce dessin qu'Hubert Robert exécuta lors d'un séjour en Italie. Il vécut à Rome pendant onze ans, entre vingt-deux et trente-trois ans. La scène présente deux fragments de colonnes cannelées antiques servant de supports à un linteau auquel est attachée une poulie ; la margelle du puits est constituée d'un sarcophage romain à strigiles.

Un curieux bâtiment circulaire occupe la droite de la composition, tandis que deux femmes du peuple puisent de l'eau.

Ce qui nous frappe de prime abord c'est le pittoresque de la scène. Le goût de l'époque pour les fabriques, c'est-à-dire des constructions décorant des jardins, peut se rapporter à ce bâtiment circulaire. Sur ce lavis, Hubert Robert mêle habilement le rustique du bâtiment et des vêtements des femmes avec la noblesse des ruines antiques, ces dernières conférant à cette simple vue un caractère héroïque ■

A. R.

236. Les collections de Madame Ephrussi

JEUNE FEMME À LA ROBE BLANCHE, RUBAN BLEU ; JEUNE FEMME AU THYRSE ; JEUNE FEMME À LA ROBE JAUNE ; DANSEUSE EMPLUMÉE À LA ROBE ROSE ; DANSEUSE À ROBE BLEUE ET JAUNE ; DANSEUSE À LA ROBE RAYÉE BLANC ET ROUGE

Jean-Frédéric Schall (1752-1825)

Six huiles sur toile.
Dimensions : 27 x 18 cm ; 31 x 24 cm ; 31 x 24 cm ; 31 x 23 cm ; 32 x 23 cm ; 31 x 23 cm.
Bibliographie : André Girodie, *Jean-Frédéric Schall,* Strasbourg, Kahn, 1927.

Les danseuses peintes par Schall étaient à l'usage des amateurs de danse, si nombreux vers la fin du XVIIIe siècle. Il est possible que l'idée de ces petites effigies de ballerines dont Schall se fit le spécialiste soit d'abord née dans le cerveau de Fragonard, après sa brouille avec la Guimard. L'une, au corsage rouge et robe de soie rayée rouge et blanc, reprend l'attitude de celle du Musée de Nantes et semble représenter la même femme. Une autre, vêtue de soie jaune et bleue et coiffée d'un chapeau orné de fleurs, est remarquable par le chatoiement des coloris ; au dos de celle-ci se trouvent une étiquette du XIXe siècle mentionnant la *collection de M. Garnier-Heldemir* et une inscription manuscrite concernant sans doute le modèle : *Mademoiselle Duthe*. Une autre est vêtue de couleurs vives : rouge, bleu, motifs léopard ; elle tient une coupe de vermeil dans la main droite et une rose dans la main gauche ; elle témoigne de la variété des étoffes utilisées à cette époque pour les vêtements. Plus classique, les mains dans le dos, l'une d'entre elles est habillée d'une robe de dentelle orangée rose et coiffée d'un haut chapeau de plumes. La danseuse vêtue d'une robe blanche retenue par un ruban bleu à la ceinture, diffère par son environnement : la pièce sombre, spartiate dans laquelle elle évolue ressemble à une cellule qui contraste avec la grâce et la légèreté de son attitude et de son doux visage. Ce qui frappe dans ces œuvres, c'est la grâce des modèles et les coloris, d'une rare virtuosité ■   A. R.

238. Les collections de Madame Ephrussi

PHOTOGRAVURE : GRAPHIQUE PRODUCTIONS, CHAMBÉRY
CET OUVRAGE A ÉTÉ ACHEVÉ D'IMPRIMER EN MARS 2002
SUR LES PRESSES DE L'IMPRIMERIE MUSUMECI INDUSTRIE GRAFICHE S.P.A.,
QUART, VALLÉE D'AOSTE, ITALIE